Karl Häusler

Karusell der Toten

Karl Häusler

Karussell der Toten

Authentische Kriminalfälle

Militzke

Aus rechtlichen Gründen haben wir
die Namen aller beteiligten Personen geändert.

Militzke Verlag Reihe S

Bibliographische Information der Deutschen Bibliothek:
Die Deutsche Bibliothek verzeichnet diese Publikation in der Deutschen Nationalbibliographie; detaillierte bibliographische Angaben sind im Internet über http://dnb.ddb.de abrufbar.

Lektorat: Anke Zeitschel
Umschlaggestaltung: Claudia Hofmann
unter Verwendung eines Fotos von Corbis (Dennis Galante)
Satz und Layout: Dietmar Senf
Gesetzt aus der New Baskerville
Druck und Bindung: Elbe Druckerei Wittenberg GmbH

Printed in Germany
ISBN 3-86189-630-3

Besuchen Sie den Militzke Verlag im Internet unter: http://www.militzke.de

Inhalt

Vorwort

Die Polizei in Deutschland registriert in ihren Kriminalstatistiken jährlich mehrere tausend Mord- und Totschlagsfälle. Die Medien berichten darüber je nach Couleur sachlich oder reißerisch, denn bei keinem anderen Vergehen werden die Ermittlungen der Polizei so konzentriert und zeitaufwendig betrieben wie bei diesen Kapitalverbrechen. Zudem erregen alle diese Fälle Aufsehen und schüren Ängste in der Öffentlichkeit. Zuständig für die Aufklärung dieser Verbrechen sind die Kommissariate 1, 11 oder 111 der Kriminalpolizei, die gewöhnlich als Mordkommissionen bezeichnet werden.

Während im Fernsehen und in Romanen die Kommissare die kompliziertesten Fälle meist im Alleingang lösen, und ihnen allenfalls ein etwas linkischer Assistent und einige naive Polizisten zur Seite stehen, zählt in der Wirklichkeit etwas ganz anderes; Teamarbeit. Nur mit einer Arbeitsgruppe in der alle über das gleiche Wissen verfügen und offen diskutiert, manchmal auch nur vermutet, werden darf, lassen sich Täter stellen. Schnell können die Ermittler bei ihrer Tätigkeit auch an die Grenzen ihrer psychischen und physischen Belastbarkeit geraten, etwa wenn sie Tatorte untersuchen oder grausam zugerichtete Leichen bergen müssen.

In diesem Buch schildere ich 14 authentische Fälle aus den 1960er bis 1990er Jahren, an deren Bearbeitung ich teilweise noch selbst in meiner langen Laufbahn als Kriminalbeamter und später Kriminaldirektor beteiligt war. Sie führen uns an teilweise ungastliche Orte, wie ins Rotlichtmilieu oder in ein Obdachlosenheim, aber auch in bürgerliche Idyllen, über die grausame Geschehnisse hereinbrechen, wie im konkreten Fall die Entführung eines Kindes.

In Fallstudien aus der Retrospektive werde ich aufzeigen, was hinter Mord und Totschlag tatsächlich steht, was Menschen dazu bringt, zu töten, und wie Opfer in jene unwiderruflichen tödlichen Ereignisse verstrickt werden können. Im Besonderen versuche ich aber die Arbeit der Ermittler so realistisch wie möglich darzustellen und ihre häufig akribische Kleinarbeit zu zeigen, aber auch wie ihnen mitunter nur durch reinen Zufall die Aufklärung eines schweren Verbrechens gelang.

Karl Häusler

Drei Morde in der Homosexuellenszene

Am Freitag, dem 7. Februar 1986, einem kalten Wintertag, war der 28-jährige, verheiratete Maurer Hans Göschel aus dem etwa 15 Kilometer nördlich von Nürnberg gelegenen Schnaittach gegen 14 Uhr mit seinem Hund unterwegs. Nur etwa 100 Meter ostwärts des Autobahnparkplatzes Hienberg kam er in einem Waldstück an einer Felsengruppe vorbei. Dabei fiel ihm ein großer Stein auf, der vor einer Felsnische lag, und an dessen Oberseite Waldboden haftete. Der Maurer schloss daraus, dass der Stein erst kürzlich bewegt und absichtlich vor die Nische gebracht wurde. Neugierig wälzte er den Stein zur Seite und erschrak. In der Felsspalte lag ein menschlicher Kopf, der durch Tierfraß und Fäulnisbildung bereits stark beschädigt war. Das Gesicht war noch relativ gut erhalten, es schien ein männliches zu sein. Umgehend verständigte Hans Göschel die nahe gelegene Polizeiinspektion Lauf an der Pegnitz. Von dort fuhren sofort zwei Beamte mit ihm zum Fundort. Ein Verbrechen war in diesem Fall mit Sicherheit anzunehmen, die zuständige Kriminalpolizei Schwabach wurde eingeschaltet. Kurze Zeit später durchkämmten eine Hundertschaft Bereitschaftspolizei und Beamte mit Leichensuchhunden das Gelände. Ein Hubschrauber suchte im Niedrigflug die Gegend ab. Jedoch wurden weder weitere Körperteile und Gliedmaßen noch Kleidungsstücke, Verpackungsmaterial oder ähnliches gefunden.

Der Befund zweier Rechtsmediziner der Universität Erlangen-Nürnberg, die den gefundenen Kopf untersuchten, lautete: »Schädel eines Mannes im geschätzten

Lebensalter von knapp 30 Jahren. Flächenhafter Tierfraßdefekt der rechten Gesichtshälfte, Fehlen der rechten Ohrmuschel. Fortgeschrittene Fäulnisveränderung, insbesondere der linken Gesichtshälfte mit rötlicher Durchtränkung. Vertrocknung über dem rechten Stirnhöcker, kleine schürfungsartige Hautverletzungen am Hinterkopf. In der Kopfschwarte flächenhafte Unterblutungen im Bereich der Stirn rechts, des linken Schläfenmuskels und hinter dem linken Ohr. Keine knöchernen Verletzungen des Schädels. Scharfrandige Durchtrennung der Halshaut und der Weichteile sowie sägeartige Durchtrennung der Halswirbelsäule an der Grundfläche des sechsten Halswirbels. Keine Verletzungen oder Blutungen im Bereich der Halsweichteile, des Kehlkopfes und des Zungenbeins.« Offensichtlich war, dass der Fundort nicht mit dem Tatort identisch war, der Kopf musste später vom Täter in der Felsspalte abgelegt worden sein.

Identifizierung

Wie in derartigen Fällen üblich, überprüften die Kriminalbeamten in Schwabach zunächst einmal die gemeldeten Vermisstenfälle. Da das Gesicht noch relativ anschaubar war, bestand die Möglichkeit durch fotografischen Vergleich weiterzukommen. Tatsächlich lag eine Vermisstenmeldung über einen 28 Jahre alten, ledigen Versandarbeiter vor. Die 63-jährige Rentnerin Anna Sujecki hatte am Mittwoch, dem 8. Januar 1986, ihren Pflegesohn Marek Felsch bei der Polizei in Fürth als vermisst gemeldet. Marek Felsch, ein Spätaussiedler aus Polen, der mit seiner Pflegemutter in Fürth wohnte, war zuletzt am 30. Dezember 1985 lebend gesehen worden, als er die gemeinsame

Wohnung verlassen hatte. Am Silvestertag hatte er sich gegen 9 Uhr bei seiner Pflegemutter noch einmal telefonisch gemeldet und dabei erwähnt, dass er sich »bei einem netten, feinen Mann in Nürnberg« aufhalte.

Beim Vergleich des Fotos mit dem Bild des gefundenen Schädels erhärtete sich die Vermutung, dass es sich bei dem Kopf um den des Vermissten handelte. Gewissheit brachte die Überprüfung des Zahnbildes durch die Gerichtsmediziner. Zudem schätzten sie, dass der gefundene Kopf »etwa vor vier Wochen« vom Rumpf des Körpers abgetrennt worden sein musste. Der Sachbearbeiter des Vermisstenfalls Felsch hatte herausgefunden, dass der als schüchtern und kontaktarm geltende Marek Felsch in homosexuellen Kreisen verkehrte und seine Kontakte mit Gleichgesinnten vornehmlich am Hauptbahnhof Nürnberg geknüpft hatte.

Drei verschiedene Dienststellen der Polizei im Großraum Nürnberg waren somit mit dem Fall befasst: die Kriminalpolizei Fürth wegen des Vermisstenfalls, die Kriminalpolizei Schwabach aufgrund des Auffindungsorts des Leichenkopfes und die Kriminalpolizei Nürnberg für die Kontakte zur Homosexuellenszene am Nürnberger Hauptbahnhof. Auf Weisung des Polizeipräsidiums Mittelfranken wurde deshalb eine 18-köpfige Sonderkommission gebildet, der Beamte aus Nürnberg, Fürth und Schwabach zugeordnet wurden.

Ermittlungen

Die Sonderkommission stand vor einer schier unlösbaren Aufgabe, denn der abgetrennte Kopf des spurlos verschwundenen Marek Felsch war ihre einzige Spur. Die

Ermittler mussten davon ausgehen, dass Felsch am 30. Dezember 1985 einen Unbekannten – möglicherweise seinen Mörder – kennen gelernt und mit ihm dessen Wohnung aufgesucht hatte. Der Telefonanruf des Opfers bei seiner Pflegemutter, untermauerte diese These. Die Beamten der Sonderkommission nahmen außerdem an, dass Marek Felsch bereits um den Jahreswechsel 1985/86 getötet worden war, wobei sie sich auf die Aussage der Gerichtsmediziner beriefen. Die Beamten erstellten ein aufgrund der Beweislage mangelhaftes Täterprofil, gesucht wurde ein Mann, älter als das Opfer, ebenfalls homosexuell veranlagt, im Besitz eines Autos und einer Wohnung in Nürnberg mit Telefon, der seine Kontakte auch in der Homosexuellenszene im Nürnberger Hauptbahnhof knüpft.

Die Sonderkommission ging zur Öffentlichkeitsfahndung über und bat die Bevölkerung um Mithilfe bei der Suche nach dem Mörder. Zur Aufklärung des Verbrechens wurde eine Belohnung von 5.000 Mark ausgesetzt. Ein Großteil der Ermittler bewegte sich nun vornehmlich in der Homosexuellenszene in Nürnberg, um dort Hinweise auf das Opfer und den Täter zu bekommen. Mehrere der am Hauptbahnhof verkehrenden Stricher berichteten von einem etwa 45 bis 50 Jahre alten Mann, der öfter am Bahnhof mit jungen Männern Kontakt aufgenommen und sie mitgenommen hatte. Einer davon, Rudolf H., erzählte, dass er sich seit zehn Jahren gelegentlich als Strichjunge betätige und einmal mit diesem Mann ein »Erlebnis besonderer Art« gehabt habe. Am Sonnabend, dem 12. April 1986, also dreieinhalb Monate nach der mutmaßlichen Mordtat an Marek Felsch, habe er einen etwa 50 Jahre alten Mann gegen 2.30 Uhr in der Osthalle des Nürnberger Hauptbahnhofes kennen gelernt. Nach relativ kurzer Zeit sei man sich einig gewesen, dass der

Ältere in seiner Wohnung sexuelle Handlungen an Rudolf H. vornehmen dürfe. Bei diesem Zusammentreffen habe der 50-Jährige sein Glied mit einem Tesafilm umwickelt und in einen Schraubstock einspannen lassen. Mit einem Küchenmesser sollte Rudolf H. den Penis des Älteren abschneiden. Voller Abscheu sei er aus der Wohnung geflüchtet. Den Namen und die Wohnung des Mannes konnte Rudolf H. nicht angeben.

Die Beamten der Sonderkommission waren zwar schon fast zwei Monate lang 517 Spuren nachgegangen und hatten 349 Personen überprüft, verwertbare Hinweise gab es jedoch noch immer nicht. Während des üblichen internen Nachrichtenaustausches war auch das Landeskriminalamt Stuttgart informiert worden. Der entscheidende Hinweis kam schließlich von einem Kriminaloberkommissar aus dem württembergischen Emmendingen. Der Beamte erinnerte sich daran, dass 1971 in Stuttgart-Vaihingen ein Mord in der Homosexuellenszene stattgefunden hatte, bei dem der Täter sein Opfer mit in die Wohnung genommen und nach geschlechtlichen Handlungen getötet und verstümmelt hatte. Der Tote war damals in einem Lichtschacht versteckt worden. Erst Tage später, nachdem die Eltern eine Vermisstenmeldung aufgegeben und sich auch Freunde des Opfers an der Suche beteiligt hatten, stieß man auf den Täter. Es war ein Bekannter des Opfers, der ledige Bauschlosser Horst Rohleder. 1972 war Rohleder von einer Schwurgerichtskammer des Landgerichts Stuttgart wegen dieser Tat zu 14 Jahren Freiheitsentzug verurteilt aber nach zehn Jahren vorzeitig auf Bewährung entlassen worden. Im April 1984 war dieser Rohleder vom Landgericht Freiburg wegen eines anderen Tötungsdeliktes zu einer Freiheitsstrafe von zehn Jahren verurteilt allerdings im Revisionsverfahren freigesprochen worden.

Zur Überprüfung war in diesem Verfahren der gewaltsame Tod eines 17 Jahre alten Lehrlings gewesen, dessen Leiche im August 1982 in einem Wald am Kaiserstuhl gefunden worden war. Nach Auffassung des Oberkommissars wiesen die Taten in Stuttgart 1972, in Freiburg 1982 und die noch ungeklärte Tat in Nürnberg/Schwabach bemerkenswerte Parallelen hinsichtlich der Vor- und Nachtatphasen und der körperlichen Beschaffenheit der Opfer auf. Zudem war bekannt geworden, dass Rohleder nach seiner Freilassung im Juli 1984 nach Nürnberg zu seiner dort lebenden Schwester gezogen war.

Die Festnahme des Täters

Am Sonntag, dem 13. April 1986, wurde der 47 Jahre alte Horst Rohleder in Nürnberg vorläufig festgenommen, seine Einzimmerwohnung durchsucht und unter Mitwirkung eines Sachverständigen mit Luminol abgesprüht. Auf dem Teppich im Wohnzimmer, am Fußboden der Diele und des Bades, im Waschbeckensiphon und im Badewannenabflussrohr fanden sich latente Blutspuren. Bereits am nächsten Tag legte Horst Rohleder ein Geständnis ab und führte die Beamten der Sonderkommission zu den versteckten Leichenteilen von Marek Felsch. Rohleder hatte die Leiche in seiner Wohnung zerteilt, den Rumpf in mehrere Müllsäcke eingewickelt und in einem Koffer unter einem Treppenabsatz in seiner Arbeitsstelle in der Südstadt Nürnbergs versteckt. Beine und Arme waren in einem Wald nahe des Autobahnparkplatzes bei Höchstadt-Ost vergraben. Der Festgenommene, der offenbar noch nichts vom Fund des Kopfes wusste, wollte die Beamten auch noch zum Hienberg führen.

In seinem ersten Teilgeständnis gab Horst Rohleder zu, dass er Marek Felsch am Vormittag des Silvestertages 1985 in seiner Wohnung umgebracht hatte. An den Tag erinnerte er sich deshalb so genau, weil es sein 47. Geburtstag gewesen war. Nach zweieinhalb Monaten angestrengter Ermittlungsarbeit konnte die Sonderkommission den Fall als aufgeklärt melden. Allerdings waren weitere Detailvernehmungen und Überprüfungsarbeiten erforderlich.

Das Tatgeschehen

Der Spätaussiedler Marek Felsch verkehrte hauptsächlich mit älteren Männern, zu denen er keine sonstigen Beziehungen hatte, und nächtigte manchmal auch bei diesen Fremden. In der Nacht zum 31.12.1985 kam Marek Felsch gegen 1 Uhr zum Stehbierausschank in der Osthalle des Hauptbahnhofes. Dort hielt sich bereits der Bauschlosser Horst Rohleder auf. Rohleder sprach Felsch an und schlug vor, bei ihm zu Hause noch ein Bier miteinander zu trinken, weil der Bierausschank bereits schloss. Felsch war einverstanden und stieg mit Rohleder in dessen Firmenwagen, in der Wohnung angekommen tranken beide eine weitere Flasche Bier. Ohne große Umstände zogen sich die Männer nach kurzer Zeit nackt aus und befriedigten sich gegenseitig. Gegen 3 Uhr verließ Marek Felsch die Wohnung um noch etwas zu erledigen. Am frühen Morgen gegen 7.30 Uhr kam er zurück, nach dem Genuss von zwei Gläsern Cognac entschlossen sich die Männer miteinander ins Bett zu gehen. Als beide bereits nackt waren, erklärte Marek Felsch, dass er noch einen Telefonanruf tätigen müsse, wenn er längere Zeit bei Rohleder bliebe. Im Beisein von Rohleder rief Marek

Felsch seine Pflegemutter an und unterhielt sich mit ihr in polnischer Sprache. Nach dem Telefongespräch legten sich beide Männer nebeneinander ins Bett und spielten an ihren Genitalien. Rohleder umwickelte sein eigenes und das Glied seines Gastes mit Tesafilm um die Erektion zu steigern. Jedoch brachen die Männer die Intimitäten aufgrund ihrer großen Müdigkeit ab und schliefen erschöpft ein.

Gegen 11 Uhr wurde Horst Rohleder wieder wach, nahm die Haushaltsschere aus einer aufgestellten Werkbank mit einer Klingenlänge von cirka zehn Zentimetern und schnitt dem noch schlafenden Marek Felsch das Glied ab. Anschließend erfasste er das Halstuch, dass Felsch noch umgebunden hatte, und erdrosselte damit seinen Gast. Die Angriffe kamen für den jungen Mann so überraschend, dass er gar keine Gegenwehr leisten konnte. Den nackten Leichnam trug Rohleder dann ins Badezimmer und legte ihn rücklings in die Wanne. Dort ließ er ihn zehn Tage unberührt liegen. Erst dann machte sich Rohleder daran, den Toten zu zerstückeln, weil ihm die Leiche zum Transportieren zu schwer war. Er zog sein Opfer an den Beinen über den Badewannenrand, sägte mit einem Fuchsschwanz die Beine im oberen Bereich der Oberschenkel vom Körper ab und steckte sie in mehrere blaue Plastiksäcke. Dann entfernte er das Halstuch und trennte auch den Kopf vom Hals. Den Torso verpackte Rohleder ebenfalls in mehreren Müllsäcken, den Kopf in zwei ineinandergesteckten Plastiktragetaschen. Die verschnürten Leichenteile lagen anschließend tagelang im Badezimmer.

Erst zweieinhalb Wochen später, am 18. Januar 1986, nahm Horst Rohleder den verpackten Kopf seines Opfers, verlud ihn in das Firmenfahrzeug und fuhr zunächst ziellos umher. Er kam schließlich zum Autobahnparkplatz am

Hienberg an der Bundesautobahn Nürnberg-Berlin. Dort verließ er seinen Wagen, nahm die Tragetasche mit dem Kopf und ging zu einem angrenzenden Wald mit einer Felsengruppe. Dort entdeckte Rohleder einen überhängenden Felsen mit einem Spalt, in den er den Kopf hineinrollte, mit einem daneben liegenden größeren Stein versperrte er schließlich die Öffnung. Die beiden Tragetaschen nahm Rohleder mit und steckte sie unterwegs in eine Mülltonne. Eine Woche später stellte er zu Hause die restlichen Leichenteile in dem Bodenabteil der Wohnung ab.

Am Ostersonntag, dem 30. März 1986, ganze drei Monate nach der Mordtat, beschloss Horst Rohleder sich der restlichen Leichenteile zu entledigen. Den relativ schweren Torso verpackte er in einem Koffer, um ihn ohne Aufsehen transportieren zu können. Den Koffer und die in Plastiksäcken eingehüllten Beine und Arme schleppte er zu seinem direkt vor dem Haus geparkten Auto, verlud sie und fuhr schließlich damit Richtung Schweinfurt. Aus seiner Kindheit wusste Rohleder, dass sich in der Nähe der Ortschaft Poppenlauer eine zerstörte Munitionsfabrik aus dem letzten Weltkrieg befand. Dort wollte er die Leichenteile in einen fünf Meter tiefen Schacht werfen. Er brachte dies aber angeblich nicht fertig, weil er wollte, dass die Leichenteile in naher Zukunft gefunden werden. Deshalb fuhr Rohleder mit seiner makaberen Ladung auf der Autobahn wieder zurück Richtung Nürnberg. Auf einem Parkplatz südlich der Ausfahrt Höchstadt-Ost stellte er das Fahrzeug ab, holte die verpackten Arme und Beine heraus, trug das Paket etwa 100 Meter in den angrenzenden Wald hinein und legte die Extremitäten unter einen kleinen abgeknickten Baumwipfel. Die Müllsäcke nahm er mit und ließ sie unterwegs in einer Abfalltonne verschwinden.

Jetzt hatte Rohleder nur noch den Koffer mit dem Rumpf des Mordopfers im Auto. Er konnte sich nicht entschließen auch den Torso irgendwo abzulegen und nahm deshalb den Koffer wieder mit nach Hause, um ihn zwei Tage später, also am 1.4.1986, unbemerkt auf seiner Arbeitsstelle in einem ehemaligen Heizungskeller neben der Schlosserwerkstatt abzustellen. Bereits wenige Tage nach der Tat hatte Rohleder die Bekleidung seines Opfers einschließlich des zum Erdrosseln benutzten Halstuches und das abgetrennte Geschlechtsteil in irgendeine Mülltonne geworfen.

Und noch ein Mordgeständnis

Horst Rohleder stand schon 1982 im Verdacht in Neuenburg am Kaiserstuhl einen 17-jährigen Metzgerlehrling getötet zu haben. Im August 1982 war in einem Wald bei Steinen die bereits mumifizierte und skelettierte Leiche des als vermisst gemeldeten Cyrius Schnell gefunden worden. Die damaligen Ermittlungen hatten ergeben, dass der Metzgerlehrling zuletzt gemeinsam mit Horst Rohleder, der damals in Neuenburg wohnte, gesehen worden war. In seinem Wagen soll Rohleder Cyrius Schnell von Neuenburg nach Balingen am Kaiserstuhl mitgenommen haben. Rohleder wurde festgenommen, aber nach einem langwierigen Gerichtsverfahren schließlich vom Vorwurf der gewaltsamen Tötung des 17-Jährigen am 1.7.1985 freigesprochen. Bei den umfangreichen Vernehmungen im Mordfall Marek Felsch erklärte Horst Rohleder, dass ihn auch der Tod von Cyrius Schnell belaste, und er deshalb dieses schreckliche Geheimnis nicht mehr länger mit sich herumtragen wolle. Obwohl er damals freigesprochen wurde, wollte er auch Angaben zu dieser Tat machen. Rohleder berichtete, dass er in den frühen Morgenstunden des 10. Juni 1982 den 17-jährigen Cyrius Schnell mit den Ärmeln seiner Nylonjacke erdrosselte, nachdem er sich zuvor am Penis des jungen Mannes zu schaffen gemacht hatte. Beide hätten zu dieser Zeit im Pkw Rohleders gesessen, der in der Garage stand. Nach der Tat habe er das Geschlechtsteil des 17-Jährigen mit einem Teppichschneider abgetrennt. Dann habe er die Leiche entkleidet und zwei Tage in der Garage liegen lassen. Schließlich sei er mit dem Leichnam ziellos umhergefahren und habe den Toten in den Abendstunden in einem Wald im Wiesenthal abgelegt.

Das Gerichtsverfahren

Am 9. Mai 1988 begann vor der Schwurgerichtskammer des Landgerichts Nürnberg-Fürth der Prozess gegen den nun 49 Jahre alten Stahlbauschlosser Horst Rohleder. Die Anklage lautete auf Mord in zwei Fällen. Verhandelt wurde wegen der gewaltsamen Tötung des 28-jährigen Marek Felsch am Silvestertag 1985 in Nürnberg und wegen der Gewalttat an Cyrius Schnell am 10.6.1982 in Neuenburg. Für den Prozess waren drei Tage angesetzt, die damals bekanntesten Sexualwissenschaftler Prof. Eberhard Schorsch und Dr. Herbert Maisch als Gutachter geladen.

Fast wortgleich bestätigte der Angeklagte am zweiten Verhandlungstag die Vorwürfe der Staatsanwaltschaft, legte jedoch kein umfangreiches Geständnis ab. An die entscheidenden Situationen, wie die Tötung und Verstümmelung der Opfer, konnte oder wollte er sich nicht erinnern. Er schilderte sie zwar klar, als wüsste er alles noch genau, wich aber stets darauf aus, dass es wohl »so gewesen sein müsse«, weil es keine andere einleuchtende Erklärung gäbe. So vermochten es weder der Vorsitzende Richter noch der Verteidiger Rohleder eine unmittelbare Aussage zu entlocken. Der Staatsanwalt führte in seinem Plädoyer aus, dass beide Opfer zur Tatzeit arglos gewesen seien. Der Tatbestand der Heimtücke, eine Bedingung für ein Mordurteil, sei ebenso erfüllt wie die Tatsache, dass zur Befriedigung des Geschlechtstriebes gemordet wurde. Der Ankläger verneinte schuldmindernde Aspekte: »Der Angeklagte muss als voll verantwortlicher Täter eingestuft werden.« Um moralische Urteile ob der Veranlagung des Täters gehe es dabei überhaupt nicht, sagte der Staatsanwalt.

Der Verteidiger stützte sein Plädoyer auf die Gutachten der Sexualwissenschaftler, wonach es bei Horst Rohleder während der Taten zu einer »inneren Explosion« gekommen sei, die eine bewusste Ausnutzung der Wehrlosigkeit seiner Opfer zweifelhaft erscheinen ließ. Er plädierte auf eine Verurteilung wegen Totschlags. Angesichts der »ungeheuren Schuld«, die er auf sich geladen habe, gäbe es »nichts zu rechtfertigen und nichts zu entschuldigen«. Nach diesem kurzen Schlusswort verbarg Horst Rohleder sein Gesicht auf seinen Armen und blieb regungslos. Lebenslange Freiheitsstrafe wegen Mordes in zwei Fällen und Unterbringung in einem psychiatrischen Krankenhaus lautete schließlich das Urteil der Schwurgerichtskammer des Landgerichts Nürnberg-Fürth. Entgegen der Empfehlungen der beiden Gutachter billigte das Gericht in seiner Entscheidung dem Angeklagten keine strafmildernden Umstände zu und entsprach damit dem Antrag des Staatsanwalts. Das Gericht sah es in seinem Urteil als erwiesen an, dass der Angeklagte im Juni 1982 den 17-jährigen Cyrius Schnell zur Befriedigung seines Geschlechtstriebes ermordet hatte. Das gleiche Motiv habe ihn auch am 31. Dezember 1985 handeln lassen, als er den ebenfalls homosexuellen Marek Felsch in Nürnberg getötet und verstümmelt hatte.

Die Tragik der Rechtssprechung

Horst Rohleder hatte als 32-Jähriger 1971 in Vaihingen einen 25 Jahre alten homosexuellen Freund in seiner Wohnung ermordet und im Genitalbereich verstümmelt. Anschließend hatte er die Leiche in einem Lichtschacht versteckt. Das Landgericht Stuttgart verurteilte ihn wegen Mordes im Zustand verminderter Zurechnungsfähigkeit am 16. März 1972 zu 14 Jahren Freiheitsentzug. Aber bereits nach zehn Jahren war Rohleder wieder auf freiem Fuß. Ein Gefängnisgeistlicher und ein vom Häftling auf eigene Rechnung bestellter Psychologe hatten ihn vier Jahre vor der geplanten Entlassung für resozialisierbar erklärt. Die Justizverwaltung hatte damals ein offizielles Gutachten abgelehnt.

Horst Rohleder ließ sich nach seiner Strafentlassung in Neuenburg im Schwarzwald nieder. Am 10. Juni 1982 nahm Rohleder den 17 Jahre alten Cyrius Schnell in seinem Auto mit zu sich. Im in der Garage abgestellten Auto kam es zu homosexuellen Aktivitäten, in deren Verlauf Rohleder seinen Partner erdrosselte und entmannte. Nachdem die Leiche des 17-Jährigen erst im August 1982 gefunden und Rohleder als derjenige ermitteln worden war, der zuletzt mit dem Lehrling gesehen wurde, kam es zur Festnahme und schließlich zur Anklage. Die Schwurgerichtskammer des Landgerichts in Freiburg war in der mehrwöchigen ersten Hauptverhandlung zu der Auffassung gelangt, dass der Angeklagte den Jugendlichen auf der Fahrt zwischen Neuenburg und Riegel am Kaiserstuhl getötet, die Leiche dann nach Steinen-Schlächtenhaus gebracht und dort im Wald versteckt hatte. Die Anhörung von über 80 Zeugen, einer Reihe von Sachverständigen und Gutachtern vermochte damals jedoch nicht zu klären, was in der fraglichen Nacht geschehen war. Der Angeklagte selbst hatte hartnäckig bestritten, mit dem gewaltsamen Tod von Cyrius Schnell etwas zu tun gehabt zu haben. Das Gericht verurteilte ihn schließlich am 3. April 1984 wegen Totschlags, begangen im Zustand verminderter Zurechnungsfähigkeit zu einer zehnjährigen Freiheitsstrafe.

Dieses Urteil hob der Bundesgerichtshof im Revisionsverfahren auf, weil ihm die näheren Umstände der Tat nicht geklärt erschienen, beziehungsweise er die gesammelten Indizien für »rechtlich falsch« gewürdigt hielt. Mit dieser Vorgabe verhandelte die Vierte Große Strafkammer beim Landgericht Freiburg den Fall neu. Das Gericht hielt Rohleder für nicht überführt und sprach ihn am 7. Juli 1985 frei. Dieser Freispruch wurde vom Bundesgerichtshof am 4. März 1986 bestätigt. Zu diesem Zeitpunkt hatte Rohleder schon seinen dritten Mord begangen. Versäumnisse bei den Ermittlungen hatten dazu geführt, dass der Mord an Cyrius Schnell nicht aufgeklärt werden konnte. Die Ermittler in Freiburg hatten auf ein Aktenstudium verzichtet und sich nur auf eine Computerauskunft verlassen. Sie hatten dabei übersehen, dass der Verdächtige bereits wegen Mordes an einem Homosexuellen verurteilt worden war und zehn Jahre Freiheitsstrafe abgesessen hatte. Zudem hatten auch die Gerichtsmediziner die Fahnder in die Irre geleitet. Die längst verweste Leiche des Opfers, die in einem einsamen Waldstück gefunden worden war, rechneten sie anfangs einer weiblichen Person zu. Da die Mediziner außerdem den Eintritt des Todes auf einen Zeitpunkt festlegten, an dem Cyrius Schnell noch gar nicht als vermisst gemeldet worden war, schien die Verbindung zwischen dem Verbrechen und dem anfänglich Angeklagten abgerissen zu sein. Erst die Untersuchung des Gebisses erlaubte eine zutreffende Identifizierung der Leiche. Eine falsche Rekonstruktion des Tathergangs, so Horst Rohleder, habe es ihm sehr leicht gemacht, die Unwahrheit zu sagen. Wer damals den Freispruch und seine Begründung vernahm, weiß, dass es sich die Richter nicht leicht machten, doch sie hatten sich nicht auf ihren gesunden Menschenverstand stützen wollen, sondern auf die Beweisregeln der Strafprozessordnung. Daher ließ sich, wie es damals hieß, nicht einmal ein »Mindestsachverhalt« eruieren, den die Strafkammer hätte aburteilen können.

»Um einen vierten und fünften Toten zu vermeiden, muss der bereits einmal wegen einer ähnlichen Bluttat zu 14 Jahren Freiheitsstrafe verurteilte Angeklagte so verwahrt werden, dass er nicht mehr auf die Allgemeinheit losgelassen werden kann«, hatte der Vorsitzende Richter der Schwurgerichtskammer des Landgerichts Nürnberg-Fürth am 16. Mai 1988 betont. Dass die Ermordeten, der 17-jährige Lehrling aus Freiburg und der 28 Jahre alte Nürnberger, beide kurze Zeit Sexualpartner des Angeklagten, womöglich noch leben könnten, wenn Horst Rohleder nach seiner ersten Verurteilung nicht vorzeitig aus der Haft entlassen worden wäre, stellte der Nürnberger Richter besonders heraus.

Das falsche Alibi

Im ersten Stock eines Acht-Parteien-Wohnhauses in der Wilhelmstraße im Nürnberger Altstadtviertel Sankt Leonhard saßen die Eheleute Neuner am ersten Dezemberfreitag kurz vor Mitternacht immer noch vor dem Fernsehgerät. Aktenzeichen-XYZ-Ermittler Eduard Zimmermann berichtete in der Spätsendung über die ersten Reaktionen auf seine Fernsehfahndung nach Schwerverbrechern. Plötzlich wurden die beiden Zuschauer jäh aufgeschreckt, als ein gewaltiger dumpfer Schlag das ganze Haus erschütterte. Erschrocken eilte Frau Neuner ins Treppenhaus. Das Licht brannte, aber es war nichts Ungewöhnliches zu sehen, sie lauschte noch eine Weile in die zurückgekehrte Stille. Herr Neuner war an das Fenster getreten, die Straße vor dem Haus war menschenleer. Nach geraumer Zeit beruhigte sich das Ehepaar Neuner wieder, wahrscheinlich war einem neuen Nachbarn beim Einrichten der Wohnung ein schwerer Gegenstand heruntergefallen, kombinierten sie und gingen schließlich zu Bett.

Am darauf folgenden Dienstag ging Frau Neuner vormittags auf den Dachboden und kam dabei an der Wohnung des Malers Peter Sulzer in der dritten Etage vorbei. Durch den Glaseinsatz über der Wohnungstür fiel Licht, ›Merkwürdig‹, dachte sie, denn der Wohnungsinhaber und dessen Freundin ließen sonst nie tagsüber das Flurlicht brennen. Als Frau Neuner am nächsten Tag ihre im zweiten Stock wohnende Nachbarin traf, besprach sie mit dieser die Auffälligkeiten. Dabei erfuhr sie, dass auch die Nachbarn Freitagnacht den explosionsartigen Knall im Hause gehört und zudem in der Wohnung des Malers über ihnen Geräusche registriert hatten. Daraufhin beschlossen die Neuners, den Hausmeister zu verständigen. Dieser setzte sich zunächst mit der Lebensgefährtin des Malers an deren Arbeitsplatz in Verbindung. Er erfuhr von ihr, dass sie sich nach einem Streit an dem fraglichen Freitag von ihrem Freund getrennt hatte. Sie habe auch den in ihrem Besitz befindlichen Wohnungsschlüssel zurückgegeben, erklärte sie. Der Hauseigentümer verständigte nun die Polizei. Nach dem gewaltsamen Öffnen der Wohnungstür machten die Beamten eine schreckliche Entdeckung.

Mitten ins Gesicht geschossen

In der Wohnung des Malers lag am Ende des Flures in der geöffneten Tür zur Küche eine männliche Leiche. Das Gesicht und der Oberkörper waren blutbesudelt. Eine breite, bereits eingetrocknete, Blutspur führte von der Wohnungstür bis zur Leiche. Der Mann war ganz offensichtlich gewaltsam ums Leben gekommen. Die für die Bearbeitung von Kapitalverbrechen zuständigen Beamten des Kommissariats 11 und die Leute vom Erkennungsdienst und der Kriminaltechnik wurden gerufen. Schnell wurde festgestellt, dass es sich bei der Leiche um den Wohnungsinhaber, den 24 Jahre alten Maler Peter Sulzer, handelte. Das Opfer war mit Schuhen, schwarzer Hose, schwarzem Hemd und einer Veloursjacke mit Fellfutter vollständig bekleidet. Sulzer schien gerade nach Hause gekommen zu sein, als ihm sein Mörder gegenübergetreten war.

Die Obduktion der Leiche ergab, dass der 24-Jährige durch einen Schuss aus kürzester Entfernung ins Gesicht getötet worden war. Ein im Kopf des Erschossenen sichergestelltes Projektil ließ den Schluss zu, dass ein Perkussionsrevolver vom Kaliber 44, eine recht ungewöhnliche Waffe, als Tatwaffe in Frage kam. Das Gutachten der Gerichtsmediziner ergab: »Eine Schusswunde auf dem Nasenrücken mit Schusskanal waagerecht und etwas nach links abweichend. Projektil im Kleinhirn rechts. Der Tod ist infolge zentralen Versagens bei Schädelschuss in Verbindung mit schwerem Blutverlust nach außen eingetreten.« Die Wohnung des Mordopfers war völlig verwüstet, Türen und Schubläden der Schränke standen offen, der Inhalt war auf dem Boden verstreut. Die Polster der Sessel im Wohnzimmer waren in Unordnung, die Schlafzimmerschränke durchwühlt, die Betten ungemacht, so dass alles auf einen Raubmord hindeutete.

Das Opfer

Die Wohnungsnachbarn schilderten den ums Leben gekommenen Maler als einen freundlichen und ordentlichen jungen Mann, der regelmäßig seiner Arbeit nachgegangen war und großen Wert auf sein Äußeres gelegt hatte. Am Ende der kriminalpolizeilichen Ermittlungen zur Person des Opfers zeichnete sich jedoch ein ganz anderes Bild ab. Der junge Mann war in einem »Broken-home-Milieu« aufgewachsen. Als er fünf Jahre alt war, wurde die Ehe seiner Eltern geschieden. Die Mutter heiratete zwei Jahre später einen anderen Mann, der dem kleinen Peter und dessen zwei Jahre jüngerer Schwester seinen Familiennamen gab. Die Ehe aber dauerte nur sechs Jahre und verlief keineswegs harmonisch. Schlägereien zwischen den Eheleuten sogar im Beisein der Kinder waren an der Tagesordnung. Der alkoholkranke Stiefvater beging schließlich Selbstmord. Einige Jahre später heiratete die damals bereits nervenkranke Mutter zum dritten Mal.

Peter Sulzer lebte bis zu seinem 18. Lebensjahr in verschiedenen Kinderheimen. Er galt als schwer erziehbar und verursachte ständig Probleme. Als Wehrpflichtiger war er ein unbequemer Soldat und sprach stark dem Alkohol zu. Seine Vorgesetzten mussten mit mehreren Disziplinarmaßnahmen eingreifen. Als 21-Jähriger war Sulzer in ein Strafverfahren verwickelt, das den gewaltsamen Tod seiner Mutter und seines zweiten Stiefvaters aufklären sollte. Der Stiefvater war damals am Neujahrsmorgen nach einem Wohnungsbrand in der Wohnung erschlagen, die Mutter erstickt aufgefunden worden. Peter Sulzer hatte sich zur tatkritischen Zeit in der Wohnung aufgehalten. Das Landgericht sprach den jungen Mann jedoch von den Vorwürfen frei, da die Beweise für eine Verurteilung nicht ausreichten. Die zwei Jahre jüngere Schwester Sulzers war 21-jährig in Frankfurt an einer Überdosis Rauschgift gestorben. In den letzten Jahren hatte sich Peter Sulzer zunehmend zu einem gewalttätigen Menschen entwickelt, wiederholt war er in Prügeleien verwickelt, hatte die Wohnungseinrichtung von Bekannten demoliert, seine Freundin des Öfteren geschlagen. Bei der Beurteilung der Persönlichkeit des Mordopfers kamen die Ermittler zu dem Ergebnis, dass Peter Sulzer tief in ein Randgruppenmilieu abgesunken war.

Die Arbeit der Kriminalpolizei

Zunächst stellten die Ermittler fest, dass aus der Wohnung des Opfers Bargeld, eine wertvolle Uhr und die Wohnungsschlüssel entwendet worden waren. Dafür fanden sie kaum versteckt eine Anzahl von für einen jungen Mann untypischen Schmuckstücken, offensichtlich Diebesgut. Der Mörder hätte die Pretiosen leicht finden können, sie aber zurückgelassen. Der Erkennungsdienst wies nach, dass die Wohnungstür nur zugezogen, aber nicht versperrt gewesen war, es fanden sich keinerlei Einbruchspuren. Die in der Wohnung gesicherten Fingerabdruckspuren konnten später alle berechtigen Verursachern zugeordnet werden. Somit deutete alles darauf hin, dass es sich bei dem Mord um eine Beziehungstat handelte, dass der Schütze ohne Hindernis in die Wohnung gelangt war, dort auf den Heimkommenden gewartet und ihn sofort nach Betreten der Wohnung aus kürzester Entfernung niedergeschossen hatte. Die Ermittlungen zur möglichen Tatzeit brachten folgendes Ergebnis: Der Maler und Gelegenheitsdieb Peter Sulzer war in der Nacht jenes Dezemberfreitags gestorben, in der seine Nachbarn den explosionsartigen Knall im Haus gehört hatten. Mit an Sicherheit grenzender Wahrscheinlichkeit handelte es sich dabei um den Todesschuss, denn Zeugen sahen den Mann am späten Abend dieses Freitags noch lebend.

Wer ist der Täter?

Die Mordkommission ermittelte, dass das Mordopfer mit der 23-jährigen Bauzeichnerin Sigrid Rühling befreundet war, und die junge Frau zum Teil mit in der Wohnung gelebt hatte. Sie wurde zur Vernehmung ins Polizeipräsidium gebeten, wo die Kriminalbeamten eine Menge Einzelheiten über das Opfer und dessen Umfeld von ihr erfuhren. Unbekümmert und ohne Scheu erzählte die 23-Jährige, dass sie sich mit Peter Sulzer am Freitag gestritten hatte, dass sie am Abend zwischen 19.30 Uhr und 21 Uhr mit in der Wohnung gewesen war, und dass sie dabei die in ihrem Besitz befindlichen Wohnungsschlüssel zurückgegeben hatte. Wie schon mehrfach zuvor, sei sie aus der gemeinsamen Wohnung ausgezogen. Die Frau war sich offensichtlich nicht bewusst, dass sie sich mit diesen Angaben in die gefährliche Nähe der Täterschaft für den Mord brachte, immerhin war Peter Sulzer wenige Stunden später tot. Die Überlegung war nicht abwegig, dass die Frau in die Wohnung ihres Freundes zurückgekommen war, seine Rückkehr abgewartet, und ihn dann aus Enttäuschung, verletzter Eitelkeit oder Wut umgebracht hatte. Das von Sigrid Rühling angebotene Alibi war unsicher, sie bot als Zeugin ihre Wohnungsnachbarin in einem Vorort von Nürnberg an. Diese Frau bestätigte, dass sich die 23-Jährige an dem fraglichen Freitag ab 21.30 Uhr bei ihr aufgehalten hatte. Da jedoch nicht ganz auszuschließen war, dass der Mord schon in den frühen Abendstunden passierte, und der von den Bewohnern des Tatanwesens bemerkte Knall eine andere erklärbare Ursache hatte, machte diese Aussage Sigrid Rühling nicht unverdächtiger. Aber schießt eine junge Frau mit einer solchen Brutalität aus nächster Nähe auf den Mann, mit dem sie, wenn auch mit Höhen und Tiefen, acht Jahre lang liiert war? Der Hass müsste unermesslich gewesen sein.

Eine Spur führt nach Offenbach

Von Sigrid Rühling erfuhren die Kriminalbeamten auch, dass sich Peter Sulzer längere Zeit im 250 Kilometer entfernten Offenbach aufgehalten hatte, wo sein jüngerer Bruder Uwe wohnte. Da sonst keine Angehörigen des

Mordopfers ermittelt werden konnten, wendeten sich die Nürnberger Kriminalbeamten an ihre Offenbacher Kollegen und baten um Amtshilfe. Es dauerte eine Weile, bis die Ermittler in Offenbach die Wohnung des Bruders ausfindig machen konnten. Uwe Sulzer war zu Hause und hatte seine 17-jährige Freundin bei sich. Als dem 18-Jährigen eröffnet wurde, dass sein Bruder in Nürnberg gewaltsam ums Leben gekommen war, bekam er einen Weinkrampf und zeigte sich tief erschüttert. Mehr routinemäßig erkundigten sich die Kriminalbeamten nach dem Alibi des jungen Mannes. »Ich war vom Freitagabend bis zum Sonnabendvormittag bei einer Bekannten in deren Wohnung. Mein Freund Andreas war dabei und der Freund meiner Bekannten. Wir haben ziemlich viel getrunken.« Nur widerwillig nannte Uwe Sulzer Namen und Adresse der Bekannten. »Haben Sie eine Waffe?« fragte ein Beamter beiläufig. »Ja glauben Sie denn, dass ich meinen Bruder erschossen habe?« empörte sich der junge Mann. Dem Ermittler fiel erst später auf, dass Uwe Sulzer »erschossen« gesagt hatte, obwohl ihm die Art des Mordes an seinem Bruder noch gar nicht mitgeteilt worden war. Als die Beamten darum baten, sich in der Wohnung umschauen zu dürfen, wurde der junge Mann richtig wütend: »Ich verstehe das nicht, das ist ja widersinnig. Aber meinetwegen schauen Sie halt nach.« Außer fremden Ausweispapieren und einigen Bankunterlagen, die ebenfalls auf einen anderen Namen lauteten, fanden die Kriminalbeamten nichts Verdächtiges. »Die Papiere müssen meinem Freund Andreas gehören«, erklärte Uwe Sulzer und fügte hinzu: »Andreas wohnt nämlich seit einigen Wochen bei mir.«

»Wir werden die Papiere zur Überprüfung mitnehmen«, beschlossen die Beamten. »Ich kann jetzt nicht mehr«, stöhnte nun plötzlich der junge Mann, »ich bin fix und fertig und kann keinen klaren Gedanken mehr fassen. Ihre Fragerei ertrage ich nicht. Ich muss unbedingt raus und etwas trinken. Ich gehe jetzt, oder werde ich etwa wegen der Ermordung meines Bruders festgenommen?« Die Kriminalbeamten waren sich sicher, dass bei dem jungen Mann etwas nicht stimmte, aber es war nur ein unbestimmtes Gefühl, verwertbare Beweise hatten sie nicht gefunden. So verließen sie die Wohnung, beauftragten aber ihre Kollegen von der Fahndungsabteilung Uwe Sulzer zu observieren. Sie selbst fuhren zu den angegebenen Alibizeugen. »Ja, der Uwe und sein Freund Andreas waren an dem Freitag bei uns«, bestätigten die jungen Leute. »Die waren schon ganz schön angeheitert, als sie am Abend kamen. Und wir haben dann noch einiges getrunken. Die sind erst wieder am Sonnabendvormittag weg.« Durch die Bestätigung des Alibis hatten die Kriminalbeamten keine Verdachtsmomente, um die Mörder im Kreise der jungen Leute in Offenbach zu suchen, und berichteten ihren Nürnberger Kollegen die Ermittlungsergebnisse.

Ein Alibi zerbricht

Bei der Überprüfung der Papiere, die bei Uwe Sulzer gefunden worden waren, stellte sich heraus, dass diese aus einem Einbruch stammten. Die Offenbacher Kriminalpolizei hatte nun einen Grund, Uwe Sulzer und dessen Freund Andreas näher zu beleuchten. Der Fahndung gelang es schließlich, die beiden jungen Männer festzunehmen. Bei der systematischen Durchsuchung der Wohnung Sulzers fanden die Beamten Uhren, Schmuck und Geldscheine in den Währungen Österreichs, Polens, Jugoslawiens, Rumäniens, Irans, Burmas und Bangladeschs, sowie diverse Sparbücher. Im Keller der Freundin Sulzers wurde umfangreiches Diebesgut sichergestellt. Als die Kriminalbeamten ein Kofferradio genauer untersuchten, kam ein Revolver, Kaliber 38 Spezial, und ein dazugehöriges Hohlster zum Vorschein. Als Mordwaffe kam der Revolver zwar nicht in Frage, jedoch war die Kriminalpolizei in Offenbach offensichtlich einer Diebesbande auf die Schliche gekommen.

Die Nürnberger Beamten gewannen in der Zwischenzeit ebenfalls neue Erkenntnisse. Sie luden noch einmal die Ex-Freundin des Mordopfers vor und erzählten ihr, dass der Bruder des Getöteten fassungslos und von Weinkrämpfen geschüttelt die Nachricht vom Tode des Malers aufgenommen hatte. Die Zeugin wunderte sich: »Das kann doch gar nicht sein, der wusste es ja schon, bevor die Polizei zu ihm gekommen ist. Ich selbst habe es ihm am Telefon gesagt, gleich nachdem ich hier das erste Mal vernommen worden bin.« Das war sehr aufschlussreich für die Ermittler, die daraus nur folgern konnten, dass Uwe Sulzer ihre Offenbacher Kollegen getäuscht hatte. Sigrid Rühling wusste auch, dass Uwe Sulzer Schlüssel zur Wohnung seines Bruders in Nürnberg besaß und berichtete von einem Streit mit Tätlichkeiten zwischen dem späteren Opfer und den jungen Leuten in Offenbach nur wenige Tage vor dem Mord. Schließlich stellte sich heraus, dass Peter Sulzer mehrere Tage bis zum Vortag seines Todes in Offenbach gewesen war. Der Schlüssel zur Aufklärung des Mordes musste demzufolge nach Überzeugung der Kriminalpolizisten auch dort gesucht werden.

Die Beamten der Nürnberger Mordkommission fuhren kurz entschlossen nach Offenbach und vernahmen erneut die Alibizeugen. Unter der Last des geschilderten Mordgeschehens gestanden sie, dass sie von Uwe Sulzer und dessen Freund Andreas Elsner eindringlich gebeten worden waren, für den bewussten Freitag ein falsches Zeugnis abzugeben. Bei der erneuten Vernehmung Uwe Sulzers wechselte dieser die Strategie und lenkte den Verdacht auf Unbekannte aus dem Raum Nürnberg. Er wisse, dass sein Bruder Peter dort Feinde hatte, weil er des Öfteren in Schlägereien verwickelt gewesen war. Doch die Ermittler ließen nicht locker, sie fanden heraus, dass Uwe Sulzer und Andreas Elsner zur tatkritischen Zeit einen Leihwagen nutzten, mit dem sie in wenigen Tagen fast 1.200 Kilometer gefahren waren. In Nürnberg überprüften die Beamten die Hotels und fanden in der »Alten Messehalle« am Stadtpark einen Eintrag auf Uwe Sulzer in der Tatnacht. Der Portier erkannte den jungen Mann auf dem ihm vorgelegten Lichtbild sofort wieder und erinnerte sich an wichtige Einzelheiten der Tatnacht: »Der Mann war nicht allein sondern in Begleitung eines etwa gleichaltrigen Schwarzhaarigen. Dieser ist kurz nach der Ankunft mit einem Taxi weggefahren und noch vor Mitternacht wieder zurückgekommen. Die beiden jungen Männer sind noch in der gleichen Nacht wieder abgereist.« Der ermittelte Taxifahrer gab an, den Mann bis zur Ecke Wilhelm-/Nelkenstraße gefahren zu haben. Sowohl der Portier als auch der Taxifahrer erkannten Andreas Elsner als den zweiten Mann auf einem Lichtbild wieder. Der Kreis schloss sich, als in Offenbach einer der falschen Alibizeugen als Waffenlieferant überführt werden konnte. Unter den erdrückenden Beweisen brach Andreas Elsner schließlich zusammen und gestand, dass er mit einem Vorderladerrevolver den Maler Peter Sulzer in dessen Wohnung erschossen hatte und beschuldigte den Bruder des Mordopfers als Initiator und Mittäter. Uwe Sulzer wies diesen Vorwurf aber weit von sich und war nicht bereit, bei der Polizei überhaupt irgendwelche Angaben zu machen. Später ließ er über seinen Rechtsanwalt nichtssagende Erklärungen zu den einzelnen Fakten abgeben.

Folgenschwerer Streit unter kleinen Ganoven

Aufgrund der vielen Beweise und zusammengetragenen Fakten rekonstruierte die Mordkommission die Tat und deren Vorgeschichte. Der Maler Peter Sulzer, der Lehrling Uwe Sulzer und der Gymnasiast Andreas Elsner hatten sich zu einer Diebesbande zusammengeschlossen. Sie begingen in Nürnberg und Offenbach vorwiegend Wohnungseinbrüche. Innerhalb des Trios kam es aber bald zu Spannungen, da der 24-jährige Peter Sulzer zunehmend die Anführerrolle beanspruchte und seine körperliche Überlegenheit wiederholt demonstrierte. Die beiden 18 Jahre alten Bandenmitglieder widersetzten sich jedoch den Machtansprüchen des Älteren. Trotz der Streitigkeiten waren die drei Ganoven in der ersten Dezemberwoche in Offenbach wieder einmal auf Diebestour. Objekt war dieses Mal eine von Andreas Elsner ausgekundschaftete Wohnung, für die der junge Mann einen Nachschlüssel besorgt hatte. Am Dienstagabend räumten die Diebe die Wohnung aus. In derselben Nacht betrank sich Peter Sulzer in der Wohnung seines Bruders und begann aus nichtigem Anlass einen Streit mit Andreas Elsner. Uwe Sulzer war unterdessen zu seiner 17-jährigen Freundin gegangen. Der Maler provozierte seinen Kontrahenten, würgte ihn und versuchte, den Schwächeren mit Karatebewegungen einzuschüchtern. Schließlich demolierte er die Wohnungseinrichtung und verschwand.

Am nächsten Tag kamen die beiden Offenbacher überein, den unbequemen Älteren »zu erledigen«. Im Laufe des Mittwochs besorgten sie sich einen Revolver. Dem Waffenlieferanten log Andreas Elsner vor, dass er vom Geheimdienst verfolgt und bedroht werde. Der Gymnasiast versuchte dies dadurch glaubhaft zu machen, dass er dem Mann erzählte, sein Vater sei als Iraner in Abwesenheit zum Tode verurteilt worden, und er selbst habe sich in seiner Kindheit längere Zeit im Iran aufgehalten. Der Waffenlieferant händigte dem jungen Manne schließlich einen Vorderladerrevolver, drei dazugehörige Kugeln und einige Zündhütchen aus. Jedoch waren die bei einer Perkussionswaffe zur Abgabe eines Schusses zusätzlich erforderlichen Schwarzpulverpresslinge zunächst nicht zu beschaffen. Weil Andreas Elsner und Uwe Sulzer auch die Funktionsfähigkeit der ungewöhnlichen Waffe anzweifelten, kaufte der Gymnasiast noch am gleichen Tag von einem 30-jährigen Bewohner einer Offenbacher Kommune einen 38er Trommelrevolver, für den wiederum keine Munition aufzutreiben war. Die Nacht von Mittwoch auf Donnerstag verbrachten die beiden Männer in der Zweizimmerwohnung Uwe Sulzers, in der gegen 23 Uhr überraschend auch Peter Sulzer erschien. Die drei Ganoven unterhielten sich eine Weile, bis auch der Ältere über Nacht blieb. Im Laufe des Donnerstags fuhr der Maler nach Nürnberg zurück. An diesem Tag gelang es Andreas Elsner auch die Schwarzpulverpresslinge in einem Waffengeschäft in Offenbach zu bekommen. Der Gymnasiast und der Kaufmannslehrling beschlossen nun ihren renitenten Kumpan mit dem Perkussionsrevolver zu töten und besprachen das Vorgehen in allen Einzelheiten. Andreas Elsner sollte den tödlichen Schuss abfeuern, und zwar auf Vorschlag Uwe Sulzers in der Wohnung von Peter Sulzer in Nürnberg. Zu dieser Wohnung besaß er nämlich einen Schlüssel, alles sollte nach einem Raubmord aussehen. Am Donnerstagabend ging Uwe zu seiner Freundin und übernachtete bei ihr. Andreas Elsner fuhr mit seiner Freundin und deren wohlhabenden Eltern nach Frankfurt, schaute sich dort die Oper »La Traviata« an und ging anschließend mit seinen Gastgebern noch in ein Restaurant.

Am Freitagabend fuhren Uwe und Andreas mit dem schon einige Tage vorher angemieteten Auto nach Nürnberg. Den Perkussionsrevolver führten sie schussbereit in einer Tasche bei sich. Die beiden Männer mieteten sich im Hotel »Alte Messehalle« ein Zimmer. Während Uwe Sulzer im Hotel wartete und sich die Zeit mit einem mitgebrachten Schachcomputer vertrieb, fuhr Andreas Elsner mit einem Taxi zur Wohnung von Peter Sulzer. Nachdem sich auf mehrmaliges Läuten niemand rührte, sperrte der Gymnasiast mit dem ihm von seinem Komplizen ausgehändigten Schlüssel die Wohnung auf. Er betrat sie vorsichtig, machte Licht und schaute sich um, niemand war daheim. Doch kaum hatte sich der junge Mann etwas orientiert, da hörte er aus dem Treppenhaus Geräusche. Schnell löschte er die Flurbeleuchtung, nahm den schweren Revolver aus der Tasche und stellte sich hinter der Tür zum Wohnzimmer in Position. Kurz darauf wurde die Wohnungstür geöffnet, und ein Mann trat in den Flur. Das Licht wurde angeknipst und die Wohnungstür von innen abgeschlossen. Im selben Moment trat Andreas Elsner mit der Waffe im Anschlag aus seinem Versteck, zielte kurz auf den Kopf des Eingetretenen und drückte ab. Es gab einen furchtbaren Knall, Rauchschwaden durchzogen den Flur. Lautlos sank der Mann tödlich getroffen an der Innenseite der Wohnungstür zusammen. Der Schütze hatte sich gar nicht vergewissert, auf wen er überhaupt schoss, doch es war plangemäß Peter Sulzer, den er niedergestreckt hatte. Der Mörder ging nun zielsicher vor, erst überzeugte er sich, dass seine Tat unbemerkt geblieben war. Dann täuschte er, wie zuvor verabredet, einen Einbruch vor, riss Schubläden aus Kommoden, öffnete Schranktüren und warf den Inhalt auf den Boden.

Auf seiner Flucht versperrte ihm der Tote den Weg, so dass der Gymnasiast kurzerhand den Leichnam an den Beinen packte und in den Flur bis zur Küche zog. Anschließend durchsuchte er die Kleidung des Erschossenen und nahm die Geldscheine aus dem Portemonnaie. Mit den Schlüsseln des Opfers verließ der Täter nun Wohnung und Haus ohne Schwierigkeiten. Auf der Straße hielt er ein Taxi an und ließ sich zurück zum Hotel bringen. Uwe Sulzer sah den ins Zimmer tretenden Freund wortlos an. »Der Peter ist tot«, murmelte Andreas Elsner. Erleichtert fielen sich die beiden in die Arme. Ohne viele Worte packten sie ihre Sachen zusammen, bezahlten an der Rezeption ihre Mietschuld, gingen zu ihrem in der Nähe abgestellten Wagen und fuhren ohne weiteren Aufenthalt nach Offenbach zurück. Am nächsten Tag suchten die Täter in Offenbach mehrere Bekannte auf, erzählten diesen, die Polizei wolle ihnen »etwas anhängen« und baten eindringlich, ihnen für die vorausgegangene Nacht ein Alibi zu bezeugen. Alle ihre Freunde erklärten sich dazu bereit und taten dies später auch ohne Skrupel.

Die Strafen

Das Landgericht Nürnberg verurteilte ein knappes Jahr später den nun 19-jährigen Andreas Elsner wegen eines

Verbrechens des Mordes aus Heimtücke zu einer Jugendstrafe von acht Jahren. Der Bruder des Mordopfers, der Kaufmannslehrling Uwe Sulzer hatte in dem Ermittlungsverfahren beharrlich geschwiegen. Im Prozess ließ er durch seinen Anwalt den Vorwurf der Mittäterschaft von sich weisen. Das Gericht sah sich nicht in der Lage, den Angeklagten zu verurteilen und sprach ihn frei. Damit aber war die Anklagebehörde nicht einverstanden, die Staatsanwaltschaft legte gegen das Urteil der Jugendkammer Revision beim Bundesgerichtshof ein, der das Verfahren zur erneuten Verhandlung an das Landgericht zurückverwies. Ein Jahr später wurde Uwe Sulzer wegen Beteiligung an der Ermordung seines Bruders zu acht Jahren Freiheitsentzug rechtskräftig verurteilt. Was die beiden jungen Männer wirklich dazu veranlasst hatte, ihren Komplizen kaltblütig zu töten, kam weder bei dem langwierigen Ermittlungsverfahren noch in den Prozessen heraus. Beinahe aber wäre es überhaupt nicht zu einer Verurteilung und zur Aufklärung des Mordfalls gekommen. Wenn die Zeugen in Offenbach nämlich weiter auf ihren Aussagen bestanden hätten, wäre das Alibi der Täter sprichwörtlich »wasserdicht« gewesen.

Der Tod fährt mit

Der aus einem Dorf bei Stade in Niedersachsen stammende Schrotthändler Alfred Hausmann besaß eine Vorstrafenliste mit mehr als 31 Verurteilungen, hauptsächlich aufgrund von Verkehrs- und Eigentumsdelikten, die ihn allerdings schon mehr als einmal ins Gefängnis gebracht hatten, aber auch wegen schwerer Vergehen wie Vergewaltigung, Erpressung und Raub. Die erste längere Haftstrafe von mehr als drei Jahren hatte sich der Mann 1969 als 21-Jähriger eingehandelt, weil er sich über einen längeren Zeitraum sexuell an der erst elfjährigen Tochter seiner damaligen Freundin verging. Im Frühjahr 1993 verbüßte der 45-jährige Mann wieder einmal eine längere Haftstrafe in Hamburg, ein Verfahren wegen eines bewaffneten Raubüberfalls war bei der Staatsanwaltschaft in Lübeck anhängig. Am 2. Juni 1993 gelang es Hausmann, durch ein Toilettenfenster einer Hamburger Gefängnisklinik zu flüchten. Am 4. Juli 1993 sahen Zeugen die 21-jährige Silvia Fleuter aus Hamburg in Hausmanns gerade gestohlenem Auto. Bereits einige Stunden später wurde die junge Frau gefunden – vergewaltigt und erwürgt.

Am 14. August 1993 nahm Hausmann an der Bundesstraße 4 bei Uelzen in Niedersachsen ein Anhalterpärchen im Mercedes Coupé mit. Kaum hatten die 19-jährige Bettina Löblich und ihr 25 Jahre alter Freund im Auto Platz genommen, fuhr Hausmann in eine Tankstelle und beauftragte den jungen Mann Zigaretten zu kaufen. Kaum war der Mitfahrer ausgestiegen, preschte Hausmann mit quietschenden Reifen davon. Der Frau im Fond erklärte er, dass er vor einem soeben an der Tankstelle aufgetauchten Streifenwagen der Polizei flüchten müsse, weil er im Kofferraum gestohlene Videogeräte habe. Kurz darauf steuerte Hausmann in ein Waldstück, hielt und machte sich am Kofferraum zu schaffen. Dann kam er mit einer Pistole und einem Messer bewaffnet nach vorn.

Die Frau im Auto war dem Gangster nun vollkommen ausgeliefert, eine qualvolle Tortur begann. Der Mann fesselte die zierliche Frau an Händen und Füßen, wickelte ihr Stofffetzen und Klebeband um Mund und Augen und vergewaltigte sie mehrfach. Dazwischen raunte er: »Drei Jahre lang habe ich die Frauen studiert. Jetzt weiß ich, was sie brauchen.« Dann fiel ein Satz, den die geschundene Frau nie wieder vergessen würde: »Normalerweise bringe ich meine Opfer nachher um.« Bettina konnte panisch nur noch einen einzigen Gedanken fassen: ›Du musst am Leben bleiben‹. Sie gab nun scheinbar jede Gegenwehr auf und ging sogar auf Vorschläge ihres Peinigers ein, der meinte, dass er sich »tierisch in sie verliebt habe« und sie bat mit ihm zu gehen. »Ich bin vermögend und potent. Ich kann einer Frau vieles bieten.« Um erst einmal aus dem Waldstück herauszukommen, täuschte Bettina an dieser Stelle Hunger vor. So suchten beide ein Lokal auf, doch eine Gelegenheit zur Flucht bot sich nicht. »Ich komme mit dir, aber erst morgen. Eine Nacht möchte ich wenigstens noch in meiner Wohnung verbringen«, versprach die Frau nun. Hausmann ging tatsächlich auf das Manöver ein, fuhr Bettina bis in die Nähe ihrer Wohnung und ließ sie aussteigen. Acht Stunden war die Frau in der Gewalt des Verbrechers, und nur durch ihr scheinbares Entgegenkommen blieb sie am Leben.

Am 4. September 1993 sprach Hausmann in Hamburg die 25-jährige Prostituierte Kathrin Werbusa an. Drei Wochen später entdeckte man ihre Leiche bei Geesthacht in

Schleswig-Holstein. Am 8. September 1993 ließ Hausmann abermals ein Anhalterpärchen in seinen gestohlenen Wagen einsteigen. Die beiden jungen Leute schöpften aber bald Verdacht und baten, vor Bremerhaven aussteigen zu dürfen. Als der Mann das Auto bereits verlassen hatte, gab der Schrotthändler Gas. Der jungen Frau, einer 22-jährigen Studentin, gelang die Flucht nur dadurch, dass sie sich aus dem fahrenden Wagen warf. Dann verlor sich zunächst die Spur des gewalttätigen Mannes.

Nach intensiver Fahndung gelang es der Polizei von Schleswig-Holstein am 16. September 1993, Alfred Hausmann in der Wohnung seines Bruders festzunehmen. In seinem Besitz fand sich der am 26. August 1993 gestohlene Mercedes 560 SEC, mit dem er unterdessen 11.200 Kilometer gefahren war. In dem Wagen fanden Spurensicherer einen Knopf, der von der Bluse der Prostituierten Kathrin Werbusa stammte. Außerdem stellten sie an der Kleidung des Opfers Faserspuren vom Teppich des Fahrzeugs sicher. Hausmann wurde am 17. September 1993 dem Ermittlungsrichter in Uelzen vorgeführt. Dort äußerte er sich lediglich zu dem Tatvorwurf, die Anhalterin Bettina Löblich vergewaltigt zu haben. Er gab an, mit ihr auf völlig freiwilliger Basis geschlafen zu haben. Das Mädchen hätte ihn nur aus Rache angezeigt, weil er es bei einem zweiten vereinbarten Treffen versetzte. Am 31. Januar 1994 verurteilte das Landgericht Lübeck Alfred Hausmann in einem schon vor seiner Flucht anhängig gewesenen Verfahren wegen schwerer räuberischer Erpressung zu sieben Jahren Freiheitsentzug. Er saß bis Anfang 1995 im Gefängnis in Lübeck ein und wurde im Februar 1995 in den Hochsicherheitstrakt einer anderen Justizvollzugsanstalt verlegt. Hinweise aus dem kriminellen Milieu deuteten darauf hin, dass der Schrotthändler einen Ausbruch plante, angeblich sollte er freigesprengt werden. Die Ermittlungen zu den von Alfred Hausmann während seiner Flucht im Sommer 1993 begangenen schweren Straftaten dauerten noch an.

Per Autostopp unterwegs

Martina Jarosova wurde 1973 in einem kleinen Ort in Tschechien geboren. Nach der Wende wollte die Jugendliche mehr von der Welt sehen, ging als Aupairmädchen nach Österreich und machte eine Reise nach England. Dann studierte sie im nordböhmischen Liberec Textilingenieurwesen und freundete sich mit ihrer um ein Jahr älteren Kommilitonin Petra Trachtulcova an. Im Juli 1993 trampten die beiden jungen Frauen durch Deutschland nach Südfrankreich. Dort lernten sie eine Französin kennen, die sie für den Herbst 1993 zur Weinlese einlud. Am 9. September 1993 brachte ein Onkel die zwei Studentinnen mit dem Auto nach Prag. Hier stellten sich die beiden an die Autobahn, um per Anhalter schnellstmöglich nach Lyon zu kommen. Ein unbekannter Autofahrer nahm sie mit. Kurz vor der tschechischen Grenze zu Deutschland wurden die beiden attraktiven jungen Frauen zuletzt lebend gesehen.

Grauenvolle Funde

Am 11. September 1993 suchte der Diplomingenieur Ernst Prachard gemeinsam mit einem Bekannten im Waldstück »Speck« bei Ronnweg nahe Pfaffenhofen in Bayern Pilze. Auf einer Lichtung sah er von weitem einen größeren fremden Gegenstand. Zunächst dachte der Mann, jemand habe einen vollen Müllsack weggeworfen und ärgerte sich über das umweltschädigende Verhalten. Er ging näher heran und erschrak, vor ihm lag eine nackte Frauenleiche mit gespreizten Beinen auf dem Waldboden. Ernst Prachard eilte nach Ronnweg und verständigte telefonisch die Polizei. Die für den Fundort zuständige Kriminalpolizeiinspektion Ingolstadt übernahm die Sachbearbeitung. Hauptkommissar Fuchs, der Leiter des Kommissariats 1, bildete eine Sonderkommission. Spurenexperten rückten aus, doch außer der nackten Leiche fanden sie nichts Bemerkenswertes. Lediglich eine leere Colaflasche konnte in der Nähe der Toten sichergestellt werden. In der Münchner Gerichtsmedizin stellten Experten fest, dass die junge Frau vergewaltigt und erwürgt worden war. Sie fanden bei der Obduktion Spermaspuren, die gesichert wurden.

Hauptkommissar Fuchs und seinen Leuten lag keine treffende Vermisstenmeldung vor. Die Öffentlichkeitsfahndung brachte ebenfalls keine neuen Erkenntnisse, niemand kannte die junge Frau. Doch eine Woche nach dem mysteriösen Leichenfund, am 18. September 1993, entdeckte eine Reiterin in einem 17 Kilometer entfernten Wald zwei Rucksäcke mit T-Shirts, Wäsche und den Pässen der 21 Jahre alten Petra Trachtulcova und der 20-jährigen Martina Jarosova aus Tschechien. Aufgrund der Annahme bei einer der beiden jungen Frauen könnte es sich um die unbekannte Leiche handeln, luden die Ermittler die Mütter der Tschechinnen zu sich. Frau Trachtulcova identifizierte am 20. September 1993 die Tote eindeutig als ihre Tochter. Die Befürchtung lag nahe, dass auch Martina etwas zugestoßen war, doch Suchaktionen im Umland verliefen ergebnislos. Erst vier Wochen später fand ein Spaziergänger im Unterholz neben der A 90 in der Nähe von Nietenhausen bei Wolnzach die zum Teil schon verweste halbnackte Leiche einer Frau. Der 51-Jährige war mit seiner sieben Jahre alten Tochter unterwegs und schilderte später: »Es war ein schockierender Anblick. Ich wollte noch meine Tochter warnen und von der Leiche zurückhalten, aber es war schon zu spät.« Das Kind erlitt einen schweren Schock.

Hauptkommissar Fuchs und seine Kollegen nahmen den ziemlich steil ansteigenden Waldweg zum Fundort und fanden dort ungewöhnliche Reifenspuren. Die Spurbreite und das Reifenformat gingen über die bei normalen Fahrzeugen üblichen Dimensionen deutlich hinaus. Die Leiche wurde als die tschechische Studentin Martina Jarosova identifiziert, auch sie war vergewaltigt und anschließend erwürgt worden.

Sisyphusarbeit der Kriminalpolizei

Kriminalhauptkommissar Fuchs und die zwölf Beamten seiner Sonderkommission kamen bei der Aufklärung der schweren Verbrechen nur schleppend voran. Sie verfügten lediglich über wenige Indizien, wie die wenige Millimeter langen Faserspuren, die an der Kleidung und den Rucksäcken der beiden Toten gefunden worden waren. Diese Fasern vergrößerten Sachverständige unter dem Raster-Elektronenmikroskop im Bayrischen Landeskriminalamt 2.400fach. Es handelte sich um olivgrüne Textilfasern aus Polyamid und schwarz-violette Polyacrylfasern. Der Spezialist des Landeskriminalamts konnte sie jedoch trotz Nachfrage bei Textil- und Autoherstellern nicht zuordnen. Die Herkunft der leeren Coladose klärten die Beamten dagegen eindeutig, sie stammte aus einer Abfüllanlage in Norddeutschland. Außerdem maßen sie, dass die Reifenabdrücke 29 Zentimeter breit waren, die Spurbreite zwischen 172 und 175 Zentimetern und der Achsenabstand bei knapp drei Metern lag. Die Ermittlungen liefen zunächst in die falsche Richtung, so konzentrierten sich die Polizisten bei der Suche nach den passenden Fahrspuren auf Kleintransporter und Geländewagen und vermuteten nach Hinweisen aus der Bevölkerung den oder die Täter unter Touristen oder polnischen Hilfsarbeitern, die zur Tatzeit als Erntehelfer in Holledau arbeiteten. Mit der Spermaspur konnten die Polizisten nur etwas anfangen, wenn sie von einem Tatverdächtigen Vergleichsspuren hatten.

Die 520te Spur ist heiß

Die Hoffnungen auf eine Aufklärung der Morde waren bei der Sonderkommission fast auf den Nullpunkt gesunken, als die Spur Nr. 520, die winzigen Textilfasern, schließlich den entscheidenden Durchbruch brachte. Ein Gewaltverbrechen in Niedersachsen und der »Kommissar Zufall« waren dabei von ausschlaggebender Bedeutung. Bei einer Arbeitstagung erwähnte der Spezialist des Bayrischen Landeskriminalamts beiläufig das ungewöhnliche Beweisstück in dem ungeklärten Mordfall. Ein Kollege aus Hamburg erinnerte sich an eine ähnliche Spur in seinem Bereich. Bei dem angestellten Vergleich wurden die Beamten fündig. Die ungewöhnlichen Faserspuren, die der Hamburger Spezialist beibrachte, stammten aus dem Auto, mit dem der Schrotthändler Alfred Hausmann im Juli, August und September 1993 gefahren war. Kriminalhauptkommissar Fuchs und seine Mitarbeiter konzentrierten sich nun auf die Spuren, die der Schrotthändler Hausmann hinterlassen hatte.

Stumme Zeugen

Die vergleichende Untersuchung mit den Fasern der Ingolstädter Mordfälle ergab eine volle Übereinstimmung in Farbe, Qualität und Gewebestruktur. Die Textilfasern stammten eindeutig aus der Innenausstattung des Mercedes 560 SEC und gehörten zum olivgrünen Teppichboden und zu einer Wolldecke, die im Auto auf dem Rücksitz lag. Die beiden tschechischen Studentinnen mussten demnach in dem von Hausmann benutzten Wagen gewesen sein. Dass sich der Schrotthändler zur tatkritischen Zeit in Bayern aufhielt, belegte auch ein im Auto gefundener Kassenzettel vom 9. September 1993, der aus einem Supermarkt in Kitzingen stammte. Die am Fundort der Leiche von Martina Jarosova gesicherten ungewöhnlichen Reifenspuren passten in Spurbreite und Profil zu dem silbergrauen Wagen. Bei einem Fahrversuch mit dem nach Ingolstadt überführten Mercedes 560 SEC klärte sich die Frage, wie ein Pkw auf dem morastigen, ziemlich steil ansteigenden Waldweg bis zum Leichenfundort fahren konnte. Das Fahrzeug verfügte in Verbindung mit einem Antiblockiersystem zusätzlich noch über eine so genannte Antischlupfregelung (ASR), so dass es auch vorankam, wenn ein technisch nicht so perfekt ausgestatteter Personenwagen im sumpfigen Gelände schon stecken geblieben wäre. Im Mercedes fanden Experten der Kriminalpolizei einen Blutfleck, der eindeutig dem Blut von Martina Jarosova zugeordnet werden konnte.

Die Ermittler versprachen sich aber von einer Gen-Analyse den wichtigsten Beweis dafür, dass Alfred Hausmann der Mörder der tschechischen Anhalterinnen war. Bei dem seit Mitte der 1980er Jahre praktizierten Verfahren vergleicht man Blut-, Speichel- oder Spermaspuren vom Tatort mit Blutspuren des Tatverdächtigen in einem komplizierten molekularbiologischen Verfahren. Wissenschaftlich wurde festgestellt, dass unter 1,6 Millionen Menschen nur eine einzige Person über die in der Gen-Analyse ermittelten Erbgutinformationen verfügt. In der Kriminalistik ist dieses Verfahren als »genetischer Fingerabdruck« bekannt. Die Sachverständigen des Münchner Instituts für Rechtsmedizin stellten bei der Untersuchung fest, dass Hausmann praktisch hundertprozentig, nämlich mit einem Wahrscheinlichkeitsgrad von 99,99994 Prozent, der Spurenverursacher und somit der Vergewaltiger war. Am 21. Dezember 1993 fuhren Hauptkommissar Fuchs und zwei seiner Mitarbeiter nach Lübeck und ließen sich in der Justizvollzugsanstalt den dort inhaftierten Alfred Hausmann vorführen. Der Schrotthändler zog sich jedoch sofort aus dem Vernehmungszimmer in den Zellentrakt zurück. Als die Beamten den Mordverdächtigen anschließend im Wagen nach Ingolstadt überführten, demonstrierte der Mann totale Ablehnung, drehte ihnen den Rücken zu und schaute zum Fenster hinaus. Später kam doch ein Gespräch zustande, aber beim Stichwort »Anhalterinnen« blockte Hausmann abrupt ab: »Ich habe damit nichts zu tun und nichts zu sagen. Ich habe 15 Jahre Knast hinter mir und kenne das alles aus dem Effeff.«

Der Prozess

Am Mittwoch, dem 16. Januar 1996, begann vor der Schwurgerichtskammer des Landgerichts Ingolstadt der Prozess gegen den nun 47-jährigen Alfred Hausmann. In der Anklageschrift war von drei verschiedenen Tatkomplexen die Rede. Die Staatsanwaltschaft warf Hausmann im ersten Punkt Geiselnahme und mehrfache Vergewaltigung vor. Es ging hierbei um den Vorfall, bei dem Hausmann die Anhalterin Bettina Löblich entführt, gefesselt und missbraucht hatte. Der zweite Anklagekomplex behandelte eine versuchte Geiselnahme in Tateinheit mit einem gefährlichen Eingriff in den Straßenverkehr am 8. September 1993, bei der eine andere Tramperin einem ähnlichen Schicksal nur dadurch entronnen war, dass sie sich aus dem fahrenden Auto stürzte. Schließlich ging es im dritten Anklagekomplex um die Ermordung der beiden 20- und 21-jährigen Studentinnen, die sich per Autostopp zur Ferienarbeit nach Südfrankreich durchschlagen wollten.

An die 50 Zeugen und Sachverständige waren geladen. Drei Verteidiger bemühten sich um den Angeklagten, Elf Verhandlungstage waren für den Prozess eingeplant, 17 sollten es tatsächlich werden. Umfangreiche Sicherheitsvorkehrungen waren getroffen worden, so sicherten Polizisten mit Maschinenpistolen den Außenbereich des Gerichtsgebäudes, andere Beamte unterzogen die Prozessbesucher und Zeugen einer Leibesvisitation, bevor diese die Verhandlungsräume betreten konnten. Der Angeklagte wurde in einer Wagenkolonne mit Blaulicht gebracht, ein fünfköpfiges polizeiliches Begleitkommando eskortierte den an Händen und Füßen gefesselten Mann. Als Alfred Hausmann von dem im Souterrain des Justizgebäudes gelegenen Zellenblock durch einen separaten Treppenaufgang in den Großen Sitzungssaal gelangte, empfing ihn das Blitzlichtgewitter der Pressefotografen und das Surren zahlreicher Fernsehkameras. Mit kleinen Schritten begab sich der mittelgroße Mann mit dem schulterlangen Haar und der dunklen Sonnenbrille zu seinem Platz auf der Anklagebank. Die stählernen Fußfesseln an den Knöcheln wurden ihm auch während der Gerichtsverhandlung nicht abgenommen, ihm dicht zur Seite nahmen zwei Polizeibeamte Platz.

Der erste Verhandlungstag endete bereits nach zweieinhalb Stunden. Der Angeklagte schwieg, drehte den Zuschauern den Rücken zu und ließ das Geschehen wortlos über sich ergehen. Als der Vorsitzende Richter gleich zu Beginn die Präsenz der Medienvertreter bemerkte, äußerte sich der Angeklagte nicht. Auch die simple Frage, ob er Alfred Hausmann sei, blieb unbeantwortet. Hausmann macht keinerlei Angaben zu seiner Person, zu seinem Lebenslauf und zur Sache. Am zweiten Verhandlungstag war der Zuschauerraum im Großen Sitzungssaal des Landgerichts wie schon am Vortag bis auf den letzten Platz besetzt. Als erste Zeugin kam Bettina Löblich aus dem Raum Hamburg zu Wort. Anderthalb Stunden schilderte die zierliche junge Frau, was sich am 14. August 1993 zwischen ihr und dem von ihr eindeutig identifizierten Angeklagten zugetragen hatte. Als am Nachmittag der zweite Anklagekomplex verhandelt wurde, zeigte Alfred Hausmann ebenfalls demonstrativ Desinteresse.

Im dritten Komplex, bei dem die Tötung der zwei tschechischen Studentinnen zur Anklage kam, waren vorwiegend Sachverständige gefordert. Dass die sichergestellten grünen Polyamidfasern mit der Teppichstruktur des Mercedes 560 SEC übereinstimmten, und auch Spurbreite und Reifenprofil dieses Autos zu den vorgefundenen Fahrspuren passten, waren die wesentlichen Ergebnisse des achten Verhandlungstages. Eine ausschlaggebende Bedeutung wurde der Gen-Analyse beigemessen. Die Verteidigung versuchte mit allen Mitteln, diese für ihren Mandanten vernichtende Untersuchung zu Fall zu bringen. Der Biochemiker des Instituts für Rechtsmedizin in

München verwies auf die besonderen vorgeschriebenen Kontrollmechanismen bei der Erstellung des genetischen Fingerabdrucks. So schickte eine bundesdeutsche Zentralstelle turnusgemäß Blutproben von ein und derselben Person an alle einschlägigen Institute in der Bundesrepublik und verglich die Ergebnisse miteinander. Die Münchner Gerichtsmediziner kontrollierten ihre komplizierten Verfahrenstechniken sogar selbst, indem sie regelmäßig Erbgutanalysen für eine bestimmte Versuchsperson anfertigten und auf gleich bleibende Ergebnisse überprüften.

Die Verteidigung forderte die Originaldokumentation aus dem DNA-Labor an, gab die Papiere aber beim nächsten Termin wieder kommentarlos zurück. Aufgrund der geäußerten Bedenken ordnete die Schwurgerichtskammer noch während des Prozesses eine erneute Untersuchung mit den zwischenzeitlich verbesserten Methoden an. Das am 26. Februar 1996 vom Gutachter erläuterte Ergebnis belastete den Angeklagten statistisch gesehen sogar noch stärker, denn unter der gesamten europäischen Bevölkerung tauchte dieser spezielle genetische Fingerabdruck nur ein einziges Mal auf.

Die Textilfaserspuren standen am 26. Februar abermals zur Diskussion. Sachverständige des Landeskriminalamts hatten in der Zwischenzeit die Herstellerfirma ermittelt, von der Daimler-Benz die aus diesem Material hergestellten Teppichböden bezog. Vier verschiedene Farbstoffe und ein besonderer Kupferzusatz seien dort für diesen, und nur für diesen, Auftrag verwendet worden, erläuterte ein Gutachter. Die Verteidigung gab sich damit jedoch nicht zufrieden, der Anwalt argumentierte, dass möglicherweise außerhalb der Bundesrepublik, zum Beispiel in Tschechien, noch ein anderer Textilbetrieb existierte, der Teppiche in der gleichen Farbgebung herstellte und Fahrzeuge eines anderen Fabrikats ausstattete. Die Fasern müssten dann also nicht zwangsläufig aus dem bei Hausmanns Verhaftung sichergestellten Mercedes 560 SEC stammen.

Eine »besondere Schwere« der Schuld

Am Montag, dem 25. März 1996, beantragte Oberstaatsanwalt Josef Grieser für Alfred Hausmann eine lebenslange Gesamtstrafe und anschließende Sicherungsverwahrung. Für ihn stand außer Zweifel, dass der Angeklagte im September 1993 im Landkreis Pfaffenhofen in Bayern die tschechischen Anhalterinnen Petra Trachtulcova und Martina Jarosova sexuell genötigt und ermordet hatte. Weiter hielt der Staatsanwalt den 47-Jährigen der dreifachen Vergewaltigung, einer vollendeten und einer versuchten Geiselnahme sowie eines gefährlichen Eingriffs in den Straßenverkehr für überführt. Bei Hausmann handele es sich um einen gemeingefährlichen Kriminellen, konstatierte der Anklagevertreter in seinem einstündigen Plädoyer. »Ich fordere die Schwurgerichtskammer auf, in ihrem Urteilsspruch auf eine besondere Schwere der Schuld zu erkennen, weil in diesem Fall der Strafvollzug nicht, wie sonst möglich, nach 15 Jahren vorzeitig auf Bewährung ausgesetzt werden kann.«

Die von der Staatsanwaltschaft beantragte Gesamtstrafe setzte sich im Einzelnen aus zweimal »lebenslänglich« für die zweifelsfrei nachgewiesenen Morde an den beiden Tschechinnen und einer Reihe von Freiheitsstrafen für die anderen Anklagekomplexe zusammen. Sämtliche Tatvorwürfe seien durch Indizienketten erwiesen, Zeugenaussagen, die Art und Weise der Tatbegehung und die Ergebnisse der Spurensicherung würden jeden vernünftigen

Zweifel an der Täterschaft Hausmanns ausschließen. Der Staatsanwalt lastete dem Angeklagten straferschwerend an, dass er sich in den bisher 15 Verhandlungstagen ohne erkennbare Regung völlig unbeteiligt gegeben hatte. Die Verteidiger stellten in ihren Plädoyers noch einmal alle belastenden Indizien in Frage und forderten nach dem Zweifelsgrundsatz (in dubio pro reo) Freispruch vom Tötungsvorwurf.

Das Urteil

Am Dienstag, dem 9. April 1996, sprach das Schwurgericht beim Landgericht Ingolstadt das Urteil. Der ehemalige Schrotthändler Alfred Hausmann wurde zu einer lebenslangen Gesamtstrafe verurteilt. Außerdem lasteten ihm die Richter eine besondere Schwere der Schuld an und verhingen zusätzlich noch eine Sicherungsverwahrung. Im Falle der 21-jährigen Petra Trachtulcova hielt das Gericht den Mordvorwurf aufrecht. Das an Martina Jarosova begangene Verbrechen wertete es als Totschlag. Außerdem wurde der 47-Jährige der zweifachen Vergewaltigung und eines gefährlichen Eingriffs in den Straßenverkehr für schuldig befunden.

Die Kammer sei nach 17 Verhandlungstagen zu der felsenfesten Überzeugung gelangt, dass Alfred Hausmann und kein anderer den Tod der beiden jungen Frauen aus Tschechien auf dem Gewissen habe, erläuterte der vorsitzende Richter Paul Weingartner in seiner fast zweistündigen Urteilsbegründung den Schuldspruch. »Bei der Urteilsfindung ist das Gericht primär auf Indizien angewiesen gewesen. An solchen hat es freilich nicht gemangelt. Jedes Beweismittel für sich allein gesehen steht allerdings auf schwachen Füßen. Erst die Vielzahl der im Ermittlungsverfahren gesicherten Spuren führen zunächst einmal zu dem zwingenden Schluss, dass es sich bei dem später bei dem Angeklagten sichergestellten Mercedes 560 SEC um das Tatfahrzeug handelt. Womit indes immer noch nicht bewiesen ist, dass der Angeklagte selber die Bluttat an den zwei jungen Frauen begangen hat. Sogar die im Prozess immer wieder beschworene DNA-Analyse hat, für sich allein gesehen, der Kammer nicht zu einer Verurteilung ausgereicht. Aber da stand noch etwas anderes im Raum: Alfred Hausmann selbst schilderte am 22. April 1994 im Gespräch mit einem Polizeibeamten den Ablauf der Bluttat. Zwar nur andeutungsweise und in groben Umrissen, aber sämtliche im Prozess vorgelegten Indizien fügten sich so nahtlos ins Bild ein, dass für das Gericht auch der letzte Zweifel an der Täterschaft des Angeklagten ausscheidet.« Der nun Verurteilte schwieg noch immer. Seine Rechtsanwälte kündigten Revision beim Bundesgerichtshof an. Wie lange Alfred Hausmann hinter Gefängnismauern verbringen musste, entschieden die Vollstreckungsbehörden. Wegen der vom Gericht bejahten besonderen Schwere der Schuld kam jedenfalls die sonst bei einer lebenslänglichen Freiheitsstrafe übliche Haftentlassung nach 15 Jahren nicht in Betracht. Sicher war, dass die an die Strafverbüßung anschließende Sicherungsverwahrung bis zu zehn Jahre dauern kann.

Tod im Dienst – Die letzte Nachtschicht

Mit den Worten »Komm wieder gut heim« verabschiedete Maria Kraus an einem Mittwochabend ihren Ehemann, der als Polizeiobermeister beim 3. Revier in Augsburg seinen Dienst verrichtete und zur Nachtschicht fuhr. Um 4 Uhr morgens wurde sie durch das Klingeln an der Tür aus dem Schlaf gerissen, der Revierleiter überbrachte ihr die Nachricht von der Ermordung ihres Gatten. Für die junge Frau brach eine Welt zusammen, ausgerechnet ihr Mann, der ihrer Meinung nach »keiner Fliege etwas zuleide tun konnte«, war einer anscheinend sinnlosen Tat zum Opfer gefallen.

Diebe sind nachts unterwegs

Die Halle der Kraftfahrzeugwerkstatt Klostermeier an der Friedbergerstraße in Augsburg lag abseits von der Straße im Dunkeln. Am Mittwoch, dem 5. März 1975, näherten sich gegen 22.30 Uhr zwei Gestalten von hinten dieser Werkstatt, überstiegen den begrenzenden Zaun und hielten zunächst im Hof inne. Sie zogen Motorradschutzmasken über ihre Köpfe, entnahmen aus einer mitgeführten Tasche Pistolen und steckten sie griffbereit in den Hosenbund. Dann zogen sie sich Lederhandschuhe an. Der Größere der beiden bedeutete dem anderen durch Zeichen, dass dieser zur Straße und dem angrenzenden Wohnhaus hin sichern sollte. Dann nahm er einen Schraubenzieher aus seiner Jacke und machte sich am Tor zu schaffen, in welches über die ganze Breite sechs durchsichtige Fenster aus Plexiglas eingesetzt waren. Der Dieb brauchte nicht lange, bis er eine auf Brusthöhe befindliche Scheibe herauslöste. Behutsam legte er sie seitlich auf eine Holzkiste und winkte dann seinen Partner heran. Beide stiegen durch die Öffnung in die Halle ein, in der sich vier BMW-Limousinen und ein Ford befanden. Ein metallicblauer Wagen, das schwerste Gefährt überhaupt, erregte die besondere Aufmerksamkeit der beiden Einbrecher. Der Größere, der sich sehr sicher im Gebäude bewegte, ging zum Büroraum, dessen mit einem Sicherheitsschloss versehene Tür nicht versperrt war. Nach einer Minute kam er mit einer Handvoll Autoschlüssel wieder. Einer davon passte zu dem schweren BMW, der Motor sprang an. Der Kleinere betätigte nun die von innen zu bedienende elektrische Schließanlage, das Rollentor ging nach oben, etwa auf Mannshöhe ließ er es einrasten. Dann eilte er zum Auto und stieg ein. Sein Partner lenkte langsam und ohne Licht das Auto aus der Werkstatt. Draußen auf der Straße schaltete er die Beleuchtung ein, das Tor ließen die beiden offen stehend zurück. Nach einigen hundert Metern Fahrt hielt der Fahrer an. »Verdammt«, fluchte er, »da ist kein Benzin drin. Die Uhr zeigt schon Reserve an.«

»Ich habe in meinem Auto einen vollen Kanister«, bemerkte sein Komplize. Die beiden Diebe stiegen aus und eilten zu Fuß einige Straßen weiter. Nach wenigen Minuten kamen sie mit dem Benzinkanister zurück. Sie füllten den Tank des entwendeten Fahrzeugs auf und brausten kurz darauf mit erhöhter Geschwindigkeit stadtauswärts davon. Niemand hatte den Diebstahl bemerkt.

Der Überfall auf einen Wachposten

In der gleichen Nacht löste der Gefreite Körner um 1 Uhr seinen Kollegen am Schlagbaum des Haupttores der Bundeswehrkaserne in Landsberg, etwa 40 Kilometer südlich von Augsburg, ab. Die Zufahrtsstraße zur Kaserne war nur schwach beleuchtet, das eiserne Gittertor an der Umzäunung stand offen. 25 Meter hinter dem Tor stand Körner auf seinem Posten. Er bemerkte auf der Straße ein Auto, das mit Abblendlicht hielt, kurz darauf näherte sich ein zweiter Wagen. Der Gefreite hielt ihn an und kontrollierte die Insassen. Es waren Soldaten, die von einem Gaststättenbesuch zurückkehrten. Als das Fahrzeug im Dunkel des Kasernengeländes verschwunden war, setzte sich auch das zuvor bereits beobachtete Auto wieder in Bewegung. Der Wachsoldat bedeutete dem Fahrer am Schlagbaum zu halten. Es war eine schwere BMW-Limousine, an die Körner nun seitwärts herantrat. Irritiert bemerkte er, dass sowohl der Fahrer als auch der zweite Mann im Fonds des Wagens maskiert waren. Durch das geöffnete Fenster wurde ein Gewehr mit kurzem Lauf auf den Gefreiten gerichtet. »Gib die Knarre her!« zischte der Mann im Fond, doch Körner reagierte nicht, er war starr vor Schreck. »Gib die Knarre her, sonst passiert was!« kam erneut der Befehl aus dem BMW.

Der Wachposten ließ die Winkkelle fallen, schnallte sein Koppel ab und reichte es mitsamt der Tasche und der darin befindlichen Pistole in das Auto. Der Fahrer legte geräuschvoll den Rückwärtsgang ein, setzte mit Vollgas zurück, wendete und raste davon. Der Gefreite lief unterdessen zum Wachgebäude und alarmierte seine Kollegen. Es dauerte eine Weile, bis der diensthabende Offizier die ersten Maßnahmen ergriff. Um 1.30 Uhr traf die erste

Streife der Polizei am Kasernentor ein. Körner beschrieb das Täterfahrzeug als einen blaumetallicfarbenen schweren BMW. Da das Kennzeichen an beiden Seiten umgebogen war, hatte er nur die mittleren Buchstaben »HV« erkennen können. Für die Bundeswehr und die Polizei war die Entwaffnung des Wachpostens besorgniserregend, es konnte sich schließlich auch um Terroristen handeln. Um 2 Uhr ging über die Funkleitvermittlung bei der Polizeieinsatzzentrale in Augsburg folgende Mitteilung ein: »Überfall auf einen Bundeswehrposten in Landsberg durch maskierte Täter. Sie entwaffneten den Posten und flüchteten mit einem Pkw, Marke BMW, Farbe vermutlich blaumetallic.« Von dem Kennzeichen konnten die Mittelbuchstaben »HV« abgelesen werden. Bevor dieses Fahndungsersuchen an alle im Einsatz befindlichen Streifenfahrzeuge weitergegeben werden konnte, meldete sich »Lech 23/5« mit dem Notfallcode. Einige wenige Minuten später kamen über Sprechfunk in höchster Aufregung die Rufe: »Notarztwagen, Kollege angeschossen, vermutlich Herzschuss, mit Ableben ist zu rechnen!« Acht Streifenwagen jagten sofort zum Tatort, der Notarztwagen und ein weiterer Sanitätswagen setzten sich in Fahrt.

Eine Streifenfahrt mit tödlichem Ende

Polizeiobermeister Kraus hatte um 21 Uhr den Nachtdienst bei der Polizeiinspektion 3 in Augsburg angetreten. Zwei Stunden Streifenfahrt, die Aufnahme einer Fahrraddiebstahlsanzeige, die Schlichtung eines Familienstreites und die Festnahme eines Zechbetrügers lagen als Tätigkeiten hinter ihm, als er um Mitternacht gemeinsam mit Polizeioberkommissar Albrecht als Streifenführer und

Hauptwachtmeister Limmer mit dem gekennzeichneten Dienst-Pkw zur zweiten Streife startete. Der Polizeiobermeister lenkte das Auto, die Fahrt ging durch menschenleere Straßen im Stadtgebiet. Es war eine relativ ruhige Nacht, nur ab und zu kamen per Funk Durchsagen von der Einsatzzentrale, die jedoch andere im Einsatz befindliche Fahrzeuge betrafen. Gegen 2 Uhr nachts, kurz vor dem Ende dieser Streifenfahrt, entschlossen sich die Polizisten, noch zur Autobahn zu fahren, um sich dort an der Raststätte und der Tankstelle umzusehen. Auf der Zufahrtsstraße fiel den Beamten ein Auto auf, das in Gegenrichtung am Fahrbahnrand stand. Das Fahrzeug, eine BMW-Limousine, war unbeleuchtet, auf dem Beifahrersitz schien jemand zu sitzen. Der Streifenführer entschloss sich, das Fahrzeug und seine Insassen zu kontrollieren. Polizeiobermeister Kraus hielt hinter dem Pkw an, ließ den Motor laufen und das Licht eingeschaltet. Dann stiegen die drei Beamten aus, Kraus trat von der Fahrerseite kommend am schnellsten an den fremden Wagen heran. Die Beifahrertür öffnete sich, und eine Person stieg aus, die sofort von der Dunkelheit geschluckt wurde. Der Polizeiobermeister kam noch weitere zwei Schritte näher, als ein Knall plötzlich die Stille der Nacht zerriss. Kraus schrie auf, warf die Arme hoch und sackte rückwärts zu Boden. Noch dreimal krachte es aus dem Dunkel hinter der BMW-Limousine. Oberkommissar Albrecht und Hauptwachtmeister Limmer gingen hinter dem Streifenwagen im angrenzenden Gebüsch in Deckung, denn das Polizeifahrzeug stand beleuchtet wie eine Zielscheibe da, selbst die Innenbeleuchtung war in Betrieb, weil die Türen offen standen. Albrecht rief dem näher am Streifenwagen liegenden Limmer zu: »Gib über Funk den Notruf durch!« Dieser robbte sich bis zur Beifahrertür des Wagens, erwischte die Sprechmuschel des Funkgeräts und gab Notrufcode und Standort durch. Da knallte es abermals auf der anderen Seite, hinter dem verdächtigen Fahrzeug blitzte das Mündungsfeuer einer Schusswaffe an. Hauptwachtmeister Limmer zog nun seine Dienstwaffe und schoss in das Dunkel hinter dem Auto. Im Gebüsch war ein Rascheln zu hören, danach war es still. Während die Beamten es nicht wagten ihre Deckung aufzugeben und angespannt lauschten, gelang es dem BMW zu entkommen.

Polizeiobermeister Kraus lag noch immer regungslos auf der Fahrbahn, als die ersten Streifenwagen mit Blaulicht und der Notarztwagen am Ort des Geschehens eintrafen. Doch für den Polizisten kam jede Hilfe zu spät, der erste Schuss hatte ihn mitten ins Herz getroffen. Später führte der Gerichtsmediziner im Gutachten aus: »Als Todesursache ist ein Zerreißen des Herzens mit Ausblutung in den rechten Brustraum festzustellen. Es handelt sich um eine Schussverletzung. Der Schuss durchsetzt den vierten Zwischenrippenraum neben dem Brustbein, die Herzbeutelwand rechts vorn, die rechte Herzvorkammer, die rechte Herzkammer, den Herzbeutel rechts seitlich hinten, den inneren Teil des rechten Lungenunterlappens, den seitlichen Abschnitt des neunten Brustwirbelkörpers und den zehnten Zwischenrippenraum und endet mit einer kleinen Ausschussöffnung am Rücken rechts.«

Die Täter werden gefasst

Am Tatort wimmelte es bald von Menschen, uniformierte Polizisten und Kriminalbeamte in Zivil nahmen ihre Arbeit auf. Die Fahndung lief auf Hochtouren, schnell wurde festgestellt, dass die BMW-Limousine aus der

Kraftfahrzeugwerkstatt Klostermeier in der Friedberger Straße in Augsburg entwendet worden war, und auch der Zusammenhang mit dem Überfall auf den Bundeswehrposten in Landsberg war bald erkennbar. Als der Werkstattinhaber befragt wurde, wen er in den zurückliegenden Wochen oder Monaten entlassen hatte, nannte er vier Namen. Einer davon war den ermittelnden Kriminalbeamten bereits bekannt, denn der 20 Jahre alte Kraftfahrzeugmechaniker Herbert Korscyk war in letzter Zeit wiederholt wegen Einbruchdiebstahls aufgefallen, jedes Mal war auch sein gleichaltriger Freund Peter Sosni beteiligt gewesen. Als die Fahnder um 4.20 Uhr die Wohnung Sosnis überprüfen wollten, verließ dieser gerade das Haus und ging auf sein geparktes Auto zu. Er ließ sich widerstandslos festnehmen. Der Gebäudekomplex wurde daraufhin umstellt, Polizeimeister Tischler erhielt den Auftrag, die Rückseite des Wohnblocks zu beobachten, dazu postierte er sich unter dem überdachten Müllcontainerabstellplatz. Plötzlich hörte der Beamte ein Geräusch, er zog seine Waffe, knipste die Taschenlampe an und leuchtete in die Ecken. Hinter dem letzten der acht mannshohen Container kauerte auf der linken Seite eine männliche Person. Auf Anruf richtete diese sich auf und erhob die Hände, es war Herbert Korscyk. Knapp drei Stunden nach der sinnlosen Ermordung des Polizeiobermeisters Kraus hatte die Kriminalpolizei zwei dringend Tatverdächtige gefasst.

Eine genaue Untersuchung des Containerplatzes in den frühen Morgenstunden förderte eine Kunststofftasche mit stark verschmutzter Kleidung und Schuhen zutage. In der angrenzenden Tiefgarage fanden die Beamten schließlich eine Plastiktüte mit Waffen, unter denen sich auch die dem Bundeswehrwachposten abgenommene Pistole befand. Die Sachverständigen des Landeskriminalamts erbrachten sehr schnell den unumstößlichen Beweis, dass mit einer der gefundenen Waffen, nämlich einem Revolver Kaliber 44 Magnum, der Polizeiobermeister erschossen worden war. Nach langwierigen Vernehmungen gestanden die beiden Festgenommenen, die BMW-Limousine gestohlen und damit den Überfall auf den Landsberger Gefreiten verübt zu haben. Hinsichtlich der Schießerei an der Autobahn schob jeweils der eine dem anderen die Schuld zu.

Emotionen

Am nächsten Tag verbreitete sich in Augsburg die Nachricht von dem heimtückischen Mord an dem Polizeibeamten wie ein Lauffeuer, überall diskutierten Menschen auf der Straße über die verabscheuungswürdige Tat. Empörung, Wut und Verbitterung machten sich in der Bevölkerung breit und das liberale Strafrecht wurde öffentlich kritisiert. Aussprüche wie: »Die weiche Welle hat sich als schlecht erwiesen«, und »Mit Humanitätsduselei ist die Kriminalität unserer Tage nicht in den Griff zu bekommen« waren zu hören. Zwei Rechtsanwälte überlegten lange, ob sie die Verteidigung der beiden Tatverdächtigen übernehmen sollten. Einer der beiden gab bereits nach fünf Tagen sein Mandat wieder zurück: »Ich habe die Verteidigung nur übernommen, nachdem mein Mandant mir versicherte, dass die tödlichen Kugeln nicht aus seiner Waffe stammen.« Einen möglichen Polizistenmörder wollte er denn aber doch nicht verteidigen.

Am Tage der Beerdigung des erschossenen Beamten fuhren sämtliche Polizeifahrzeuge in Deutschland mit einem schwarzen Trauerflor an der Funkantenne. Mehr als 2.000 Menschen gaben Obermeister Kraus die letzte Ehre, und aus der ganzen Bundesrepublik waren Polizeiabordnungen anwesend. Das Grab des Toten verwandelte sich binnen kürzester Zeit in ein Meer von Blumen und Kränzen. Der Innenminister persönlich hielt die Grabrede, und als der Musikzug der Polizei das Lied vom »Guten Kameraden« intonierte und sechs Polizeibeamte den Sarg in das offene Grab senkten, kam es auf dem kleinen Friedhof zu erschütternden Szenen. »Wir haben einen Rechtsstaat, und da kann man schließlich nicht Gleiches mit Gleichem vergelten«, äußerte sich der Schwager des Erschossenen bezugnehmend auf die Stimmung vieler Trauernder.

Das Urteil

Der Kriminalpolizei in Augsburg gelang es nach langwierigen und schwierigen Ermittlungen, einem der beiden Verdächtigen die Mordtat zu beweisen. 15 Monate nach der Bluttat wurde Peter Sosni vom Schwurgericht wegen eines Verbrechens des Mordes, des versuchten Mordes und der räuberischen Erpressung zu einer lebenslangen Freiheitsstrafe verurteilt. Sein Komplize Herbert Korscyk erhielt sechs Jahre Jugendstrafe wegen räuberischer Erpressung und gemeinschaftlichen schweren Diebstahls. Die Beteiligung an dem Polizistenmord konnte ihm aber nicht mit der erforderlichen Sicherheit nachgewiesen werden.

Ein Polizist als Doppelmörder

Seit dem 12. Juni 1996 waren die 43 Jahre alte Kauffrau Gabriele Laurisch, eine attraktive im Immobiliengeschäft erfolgreiche Frau, und ihr 15 Jahre jüngerer Freund Thilo Keil spurlos verschwunden. Verwandte hatten das Paar in München als vermisst gemeldet. Die näheren Umstände ließen ein Verbrechen an den beiden Verschwundenen nicht ausschließen. Tagelang hatte die Polizei keine Spur, schließlich vernahmen Beamte den Ex-Freund der vermissten Frau, den 35-jährigen Polizeihauptmeister Paul Reindlinger von der Polizeiinspektion Schwabing. Er verwickelte sich derart in Widersprüche, dass er am 9. Juli 1996 festgenommen wurde. Dem Polizisten wurde vorgeworfen, seine ehemalige Freundin und deren Lebensgefährten aus Habgier ermordet zu haben. Doch Reindlinger wies alle Vorwürfe weit von sich, und da die Leichen fehlten, konnte dem Verdächtigen die Tat nicht nachgewiesen werden. Allgemein sprach man schon von einem »Doppelmord ohne Leichen«. Die Ermittler der Münchner Kriminalpolizei standen unter enormem Zeitdruck, denn der Haftprüfungstermin rückte immer näher. Wenn die Leichen nicht gefunden würden, musste der inhaftierte Polizeihauptmeister wieder auf freien Fuß gesetzt werden.

Neben der Fahndung nach den Vermissten suchte die Polizei auch nach Hinweisen auf das von dem Verdächtigen benutzte Auto, einen Ford Escort. Die Suche nach dem verschwundenen Paar konzentrierte sich auf die Gegend zwischen Haar und Vaterstetten im Osten Münchens, als ein neuer Tipp aus der Bevölkerung eintraf. Ein Jogger hatte im relevanten Zeitraum einen blauen Escort in einem Waldstück zwischen der Ostumgehung A 99 und Kirchheim gesehen, 15 Beamte nahmen umgehend die Suche vor Ort auf. Um 16.30 Uhr entdeckten sie einen blutigen Spaten, kurz darauf den Kadaver eines Hundes, der Einsatz wurde abgebrochen.

Dann meldete sich ein Lkw-Fahrer, der aus den Medien von der Suche nach dem Pkw erfahren hatte. Dieser Zeuge hatte am 20. Juni 1996, also kurz nach dem mutmaßlichen Mord, das gesuchte Fahrzeug beobachtet, wäre sogar beinahe mit ihm zusammengestoßen. Der Lkw war auf der B 471 in der Nähe von Haar unterwegs, als der Escort von einem Feldweg auf die Hauptstraße einbog und ihn schnitt. Der Lkw-Fahrer, der gerade noch abbremsen konnte, war so wütend, dass er den Wagen ein Stück verfolgte und sich das Kennzeichen notierte. Dann sah er, dass hinter dem Steuer eine männliche Person, die ein Polizeihemd mit Rangabzeichen trug, saß. Mit einem Polizisten wollte sich der Fahrer nicht streiten und ließ die Sache dann doch auf sich beruhen. Dieser Escort wurde auch von anderen Zeugen zwischen Tutzing und Weilheim gesehen. Die Möglichkeit, dass der Täter erst einige Wälder und Moore ausgekundschaftet hatte, bevor er die Leichen verschwinden ließ, musste nun in Betracht gezogen werden.

Am späten Abend des 18. Juli 1996 meldete sich ein Rentnerehepaar bei der Polizei. Beim Spaziergang im Otterhauser Wald war den beiden ein starker Verwesungsgeruch aufgefallen. In einem dichten Himbeergestrüpp entdeckten sie eine verstümmelte Leiche. Die sofort alarmierte Sonderkommission der Münchner Kriminalpolizei barg dann in diesem Wald zwischen Heimhausen und Ampermoning im Landkreis Dachau eine weibliche völlig nackte Leiche. Nur einige Meter entfernt entdeckten die

Beamten eine männliche Leiche, bekleidet mit Jeans, einem Hemd und einer Jeansjacke. Beide Körper waren schon erheblich verwest, Köpfe und Hände abgetrennt und unauffindbar. Aufgrund der Umstände musste davon ausgegangen werden, dass es sich bei den Toten um die seit Wochen vermissten Gabriele Laurisch und Thilo Keil handelte. Der inhaftierte Polizeihauptmeister hatte bisher eiskalt geleugnet, zuletzt vertrauten ihm auch seine Kollegen. Doch als der Verdächtige am Abend der Auffindung der Leichen mit den Tatsachen konfrontiert wurde, gestand er. Reindlinger führte schließlich die Beamten der Mordkommission zu den vergeblich gesuchten abgetrennten Leichenteilen. Sie lagen mehrere Kilometer weit von den verstümmelten Toten entfernt in einem unwegsamen Gelände im Norden Münchens. Der Täter hatte Köpfe und Hände der Getöteten offensichtlich deshalb entfernt, um eine Identifizierung zu erschweren.

Die Taten – Eine Rekonstruktion

Aus dem Geständnis des Tatverdächtigen und den gesammelten Sachbeweisen rekonstruierten die Ermittler den Fall. Paul Reindlinger stammte aus einfachen Verhältnissen und wuchs in einer Großfamilie gemeinsam mit fünf Geschwistern auf. Nach dem Hauptschulabschluss absolvierte er eine Lehre als Automechaniker. Da ihm sein Gehalt zu niedrig war, jobbte er auch bei McDonalds. Schließlich bewarb er sich bei der Polizei, wo er nach entsprechender Ausbildung in München als Streifenbeamter eingesetzt wurde. Sein Einkommen genügte ihm aber immer noch nicht, so dass er als Vertreter für Glas- und Porzellanwaren nebenbei dazuverdiente. Er konnte sich dadurch einen Opel-Omega leisten und hatte zeitweise bis zu 100.000 Mark auf seinem Konto. 1985 lernte Paul Reindlinger die sieben Jahre ältere Gabriele Laurisch kennen, die als Buchhalterin arbeitete und erfolgreich und wohlhabend war. Trotz großer Sympathie füreinander trennte sich das Paar nach fünf Jahren gemeinsamen Lebens. Kurze Zeit darauf lernte der Polizist die 23 Jahre alte kaufmännische Angestellte Simone R. kennen. Fünf Jahre lebten die beiden unverheiratet zusammen, doch als Simone im achten Monat schwanger war, setzte Reindlinger sie kurzerhand auf die Straße. 1992 kam Tochter Lisa zu Welt, erneut zogen Simone R. und Paul Reindlinger zusammen, aber der Polizist verließ seine Familie bald darauf und wandte sich anderen Frauen zu. Bis kurz vor seiner Verhaftung hatte er mit der 21-jährigen, attraktiven Polizeiangestellten Carmen W. eine Affäre.

Reindlinger und Gabriele Laurisch waren auch nach ihrer Trennung Freunde geblieben, sie trafen sich häufig und machten miteinander Geschäfte. Die ehemalige Freundin, die bei einer Immobilienfirma angestellt war, sollte Reindlinger zuletzt beim Kauf einer Eigentumswohnung behilflich sein. Auch am 11. Juni 1996 waren die beiden verabredet, Gabriele Laurisch wollte von einem vielversprechenden und gewinnbringenden Anlagegeschäft berichten. Sie stieg mit 130.000 Mark in bar zu ihrem Ex-Freund ins Auto, um mit ihm eine Weile im bayrischen Oberland umherzufahren und zu plaudern. Im Auto bot Reindlinger seiner Mitfahrerin Kakao aus einer mitgebrachten Thermosflasche an. In das Getränk hatte er zuvor das Schlafmittel Rohypnol in hoher Dosis gemischt. Als Gabriele Laurisch müde wurde, murmelte sie noch: »Du, ich habe meinem Freund Thilo von unseren Geldgeschäften erzählt«, dann schlief sie ein. Reindlinger lud nun die bewusstlose Frau in ihr eigenes Auto um und fuhr mit ihr in einen Wald bei Dachau. Dort zerrte er sie aus dem Auto auf den Waldboden, zog sie nackt aus und schlug ihr bei lebendigem Leib mit einer mitgebrachten Axt zuerst den Kopf und dann die Hände ab. Die Leichenteile versteckte er in einem Müllsack im Gebüsch, schließlich schnitt er der Toten noch die Brustwarzen ab. Bei seiner Vernehmung wird er später aussagen: »Als ich ihre Brüste sah, auf die sie immer so stolz war, habe ich ihr die Brustwarzen mit einer Schere abgeschnitten und in den Wald geworfen.« Die 130.000 Mark steckte Paul Reindlinger in seine Geldbörse, die Bekleidung seines Opfers nahm er mit ins Auto, um sie auf seiner Rückfahrt nach München irgendwo wegzuwerfen.

Dann wurde dem Täter erst bewusst, dass der Freund der Ermordeten über ein Wissen verfügte, das ihm zum Verhängnis werden konnte. Die letzten Worte von Gabriele Laurisch bedeuteten somit auch das Todesurteil für Thilo Keil, den Reindlinger auch persönlich kannte. Der Polizist setzte in seiner Wohnung einen neuen Kakao mit Rohypnol an und fuhr zum Freund seiner ehemaligen Geliebten. »Gabriele hatte einen Unfall und liegt im Krankenhaus. Ich soll dich schnell hinbringen«, erzählte er. Arglos stieg Thilo Keil ins Auto und wurde nach dem selbem Muster wie Gabriele Laurisch betäubt und ermordet. Paul Reindlinger ließ den Leichnam an der gleichen Waldstelle zurück. Kopf und Hände seines zweiten Opfers stopfte er ebenfalls in den Plastiksack, den er im Norden von München in einem Gebüsch versteckte, das Mordwerkzeug warf er später aus dem Auto. Schließlich fuhr Reindlinger zurück nach München und meldete sich bei der 14. Polizeiinspektion in Schwabing zum Dienst. In den folgenden Tagen hob Paul Reindlinger 16.000 Mark vom

Konto der getöteten Gabriele Laurisch ab. Kurz vor seiner Verhaftung überschrieb er sein Vermögen, das durch die Tat auf eine Viertelmillion angewachsen war, zu gleichen Teilen an seine Mutter und seine fünf Jahre alte Tochter Lisa.

Monster in Menschengestalt oder »nur ein einfacher« Mörder – Das Gerichtsverfahren

13 Monate nach den unfassbaren Mordtaten, am 14. Juli 1997, begann vor der Schwurgerichtskammer des Landgerichts München I der Prozess gegen den 37 Jahre alten, ehemaligen Polizeibeamten Paul Reindlinger. Die Anklage warf ihm vor, aus Habgier und zur Verdeckung einer Straftat zwei Menschen ermordet zu haben. Der Zuschauerandrang und das Medieninteresse waren enorm, stand doch ein echter Polizist als Mörder vor Gericht und noch dazu einer, der heimtückisch und unvorstellbar bestialisch getötet haben sollte. Mit starrem Blick betrat Paul Reindlinger den Schwurgerichtsaal, sein Gesicht war aschfahl. Während er sich neben seinen Anwalt an den Verteidigertisch setzte, ließ er sich geduldig von den Pressefotografen und Fernsehkameras ablichten. Als der Staatsanwalt die Anklageschrift verlas, schluchzte der Mann im dunklen Anzug zum ersten Mal und wischte sich die Tränen aus den Augen. Doch ebenso schnell fand er die Fassung wieder und schilderte mit gefühllos anmutender Stimme seine Taten, immer wieder vom entsetzten Raunen aus dem Zuschauerraum unterbrochen. Doch was den Polizisten zu diesen Morden trieb, blieb mysteriös, als es nämlich um das Motiv ging, wich der Angeklagte von seiner nach der Festnahme bei der Mordkommission

abgegebenen Erklärung ab, bei der er erklärt hatte, aus reiner Geldgier gehandelt zu haben. Davon distanzierte er sich nun: »Es stimmt schon, dass die ganze Tat auf Geld ausgerichtet war, aber das ist nur eine vorgeschobene Begründung. Jetzt glaube ich, dass es einen anderen Grund dafür gibt. Ich hatte Angst, dass mich die dominierende Gabriele wieder unterdrückt, und ich dadurch meine Freiheit verliere.« Der Angeklagte beschrieb sich nahezu als Opfer seiner Ex-Geliebten, die attraktive Frau habe sich nach der Trennung und Jahren spärlicher Kontakte wieder an ihn »heranmachen« wollen. »Gabriele hat mir zu verstehen gegeben, dass sie wieder etwas von mir will. Sie hat sich mir in ihrer Wohnung nackt gezeigt und mich berührt. Aber ich wollte nicht, in den fünf Jahren unserer Beziehung habe ich mich eingeengt und unterlegen gefühlt. Mir ging es ja nur darum, dass sie mich beim Kauf einer Eigentumswohnung berät.«

Unter dieser Bindungsangst habe er schon immer gelitten, führte Paul Reindlinger aus, einerseits suchte er feste Beziehungen, gleichzeitig aber machte ihm die Vorstellung davon panische Angst, weil er fürchtete, die Frauen könnten ihn von seinem erklärten Ziel abbringen, reich zu werden. Der Angeklagte schilderte, dass er irgendwann den Entschluss gefasst habe, Gabriele Laurisch zu töten und ihr das Bargeld zu rauben. »Das wurde zur fixen Idee. Ich hatte den Plan gefasst, und den zog ich durch, ohne nachzudenken, dazu kam ich erst nachträglich.« An dieser Stelle weinte er erneut: »Ich fühle mich aber nicht als Mörder!« Der Staatsanwalt zeigte sich irritiert, »Tun Sie sich jetzt selbst Leid?«, fragte er den Angeklagten. Unter Schluchzen erwiderte Paul Reindlinger: »Ich hatte so viele Möglichkeiten, es zu schaffen. Ich habe es nicht geschafft.« Er griff wieder zum Taschentuch, und gab selbst an dieser Geste Gabriele Laurisch die Schuld. Sie habe ihn oft mit seinem Vorgänger verglichen, gemäkelt, genörgelt und ihn schließlich bedrängt, er solle sich gerade hinsetzen und stets ein Taschentuch einstecken.

Im Vorverfahren war Paul Reindlinger im Universitätsklinikum Aachen von dem Psychiater Professor Henning Saß untersucht worden. Dabei hatte der Proband alle möglichen Abnormitäten, wie wilde Sex-Spiele, Kindesmissbrauch und Sadismus vor seinem Arzt ausgebreitet. Der Gutachter bemerkte dazu vor Gericht: »Paul Reindlinger hat ein ausgesprochenes Mitteilungsbedürfnis insbesondere im sexuellen Bereich gezeigt. Der Mann hat von perversen Sexualpraktiken und abartiger Misshandlung eines Kindes berichtet. Er hat sich als Sadist geschildert, der seine Unterlegenheitsgefühle an gut 70 Frauen ausagiert und schließlich seine Ex-Freundin Gabriele noch im Tod gedemütigt hat, in dem er sie nach dem Köpfen nackt auszog und ihr die Brustwarzen abschnitt. Vor dem Hintergrund der bestialischen Mordhandlungen sind solche auffälligen Persönlichkeitsmerkmale nicht ungewöhnlich.« Vor Gericht blieb Reindlinger zunächst bei diesen Aussagen, »Die Sachen, die ich angegeben hab, waren korrekt.«

Ganz anders beschrieben den Angeklagten seine Kollegen von der Polizeiinspektion Schwabing: »Ein ganz normaler Kollege, immer sehr ausgeglichen. Er hatte einen guten Draht zum anderen Geschlecht, aber auch nicht mehr als andere«, so die einhellige Meinung. Auch seine Kollegin und letzte Geliebte schloss sich diesem Grundtenor an: »Er war ein netter, höflicher, gutmütiger, ruhiger Mensch.« Zudem gab sie an: »Er hatte ein ganz normales Sexualverhalten.« Aufgrund dieser Aussagen glaubte der Vorsitzende Richter nicht mehr die von Paul Reindlinger vorgebrachten Perversionen: »Sie wollen als der große Sadist behandelt werden, aber mit solchen Sachen wie ›wasch mir den Pelz, mach mich nicht nass‹ – da werden Sie nass.« Der Richter gab dem Angeklagten bis zum nächsten Tag Zeit zu überlegen, ob ihn allein die Geldgier zu den grausamen Taten getrieben habe, denn das könne ihm die Sicherungsverwahrung nach einer lebenslangen Freiheitsstrafe ersparen.

Auf Anraten seines Verteidigers wiederrief Paul Reindlinger am nächsten Tag seine sadistischen Darstellungen. Dem Anwalt zufolge hatte sich sein Mandant »diese Geschichte mit dem Sadomasochismus« von Mitgefangenen einreden lassen, denn er habe lieber in die Psychiatrie als ins Gefängnis gewollt. Das Interesse am Mordprozess hielt am 4. Verhandlungstag, dem Tag der Plädoyers, unvermindert an. Der Zuschauerraum war bis zum letzten Platz besetzt, viele waren aus Neugier, Empörung oder auch Sensationslust sogar von Stuttgart angereist. Den Schlüssel zu den Taten sah der Ankläger in der Persönlichkeit des Angeklagten. Das Handeln des egozentrischen 37-Jährigen sei »von aggressiv-destruktiven Impulsen und Gewinnstreben« bestimmt gewesen. Direkt an Reindlinger gewandt sagte der Staatsanwalt: »Sie haben sich am ersten Verhandlungstag erbärmlich Leid getan. Ein Mitleid für andere habe ich jedoch bei Ihnen nicht erkennen können! Sie haben voller Selbstmitleid über Ihre vertanen Chancen und fehlenden Perspektiven gejammert. Welche Perspektiven hatten Ihre Opfer und deren Angehörige?« Scheinbar ungerührt schaute Paul Reindlinger vor sich hin, als der Staatsanwalt eine lebenslange Freiheitsstrafe wegen zweifachen Mordes beantragte. Außerdem bejahte der Ankläger die »besondere Schwere« des Falls, was bedeutet, dass frühestens nach Verbüßung von 18 Jahren

Gefängnis eine Vollstreckungskammer darüber entscheidet, ob die Reststrafe des »Lebenslänglich« zur Bewährung ausgesetzt werden kann. Der Vertreter der Nebenklage schloss sich diesem Antrag an.

»Ein furchtbares Verbrechen ward begangen«, zitierte Reindlingers Anwalt aus dem »Tannhäuser«. Angesichts der Beweisaufnahme war sich der Verteidiger sicher, dass er vor 50 Jahren seinen Mandanten zum Schafott hätte begleiten müssen. »Der Tod von Gabriele Laurisch ist unverständlich, der von Thilo Keil sinnlos! Doch Paul Reindlinger ist weder eine Bestie noch ein Monster, sondern ganz einfach ein Mörder!« Der Verteidiger sprach von den »Abgründen eines Menschen« und bemühte sogar die »Erbsünde«, die da durchgekommen sei. Mit dem Widerruf seiner sadistischen Praktiken gelte der Angeklagte wieder als psychisch normal und dürfe mit Gefängnis rechnen. Nach Einschätzung seines Anwalts wäre für Paul Reindlinger die Nervenklinik Haar unzumutbar. »Stoßen Sie den Angeklagten nicht in die Hölle, in die er seine Opfer gestoßen hat!« Die Strafe stellte der Verteidiger in das Ermessen des Gerichts. »Es stimmt nicht, dass ich kein Mitleid mit den Opfern habe«, verteidigte sich Paul Reindlinger in seinem letzten Wort vor dem Urteil: »Aber leider kann ich meine Taten nicht mehr ungeschehen machen. Außerdem habe ich mich längst bei den Angehörigen der Opfer schriftlich entschuldigt.« Bis dahin sprach er mit lauter fester Stimme, dann nahm sie wieder einen weinerlichen Klang an. »Ich kann selbst nicht verstehen, was da geschehen ist. Es ist nicht so, dass ich ein Mörder bin! Bis zu diesen Taten habe ich nie jemandem etwas angetan. Die Taten waren sinnlos. Ich war ja gar nicht auf das Geld von Gabriele angewiesen. Ich habe mir in meinem Leben nie etwas geleistet, was ich mir nicht leisten konnte. Ich hatte überhaupt kein Motiv!«, endete der Angeklagte schluchzend.

Die Schwurgerichtskammer des Landgerichts München I verurteilte den 37-Jährigen am 18. Juli 1997 wegen zweifachen Mordes zu lebenslanger Freiheitsstrafe. »Seine Schuld wiegt besonders schwer«, sagte der Vorsitzende Richter und verbaute damit eine bedingte Freilassung nach 15-jähriger Strafverbüßung. Der Angeklagte saß regungslos auf der Bank, als er das Urteil hörte, sein Blick war starr nach vorn gerichtet, ins Leere. Totenstill war es im Gerichtssaal, als der Richter auf die Grausamkeit der Taten hinwies. »Schon Wochen vor der Tat hatte Reindlinger die Enthauptung seiner ehemaligen Lebenspartnerin beschlossen, und als sie am Tatabend losfuhren, um sich angeblich einen schönen Abend zu machen, lag das Beil schon im Kofferraum.« Kaltblütig, skrupellos und niederträchtig habe der ehemalige Polizist, dem taktisches Verhalten nicht unbekannt sei, die beiden Morde geplant und durchgeführt. »Was ist das für ein Mensch, der sich für 130.000 Mark über alle Tabus hinwegsetzt?«, fragte der Richter und fand keine Antwort. Der Vorsitzende ging abschließend auf die Bemerkung des Verteidigers ein, vor 50 Jahren hätte er seinen Mandanten zum Schafott begleiten müssen: »Wir sind stolz auf eine Rechtskultur, die demonstriert, dass niemand, auch nicht der Staat, ein Recht auf Töten hat.«

Der Mörder kam um Mitternacht

An der Gabelsbergerstraße im Norden Ingolstadts unterhielt der Caritasverband ein Rehabilitationsheim, in dem versucht wurde, Strafentlassene wieder in die Gesellschaft einzuführen. Seit April 1971 lebte dort auch der 57-jährige geschiedene Maschinenschlosser Hans Kubin, der wegen Inzucht und Kindesmissbrauchs mehrere Jahre im Zuchthaus verbracht hatte. Im September 1971 hatte er die so genannte Heimtherapie bereits hinter sich und war nun in einem Industriebetrieb beschäftigt. Er wohnte lediglich noch im Eingliederungsheim, und sein Gehalt wurde von der Heimleitung verwaltet. Kubin kannte zwar die übrigen Insassen, hatte sich aber mit niemandem angefreundet. Auch an seinem Arbeitsplatz hielt er sich bedeckt, bemüht in keiner Weise aufzufallen, lebte er völlig zurückgezogen. Am Montag, dem 27. September 1971, beschloss er nach Feierabend wieder einmal einen Stadtbummel zu unternehmen. Er ließ sich von der Heimverwaltung 20 Mark Taschengeld geben und ging nach dem Abendessen zu Fuß zur Stadtmitte Ingolstadts. Hier suchte er zunächst eine Kneipe auf und genehmigte sich zwei halbe Liter Bier. Er traf einen anderen Heiminsassen und trank mit diesem in einer anderen Gastwirtschaft weiter, allein zechte er später noch in einer Bar.

Gefährlicher Heimweg

Es war bereits kurz vor Mitternacht, als Kubin auf dem Heimweg am Rande der Innenstadt auf zwei Passanten traf, mit denen er ein paar belanglose Worte wechselte. Als die Männer mit einem Auto wegfuhren, setzte Kubin seinen Weg fort. Unterwegs musste er den nördlichen Teil des Hindenburgparks, eine Anlage mit Baumgruppen, kleinen Hügeln und Kieswegen passieren, unterdessen hatte es stark zu regnen begonnen. Kubin steuerte angetrunken auf den Park zu, als hinter ihm aus dem Dunkel ein Mann auftauchte. Der Unbekannte sprang plötzlich, ohne ein Wort zu sagen, den völlig arglosen Spaziergänger an und schlang ihm einen Damenstrumpf um den Hals. Doch der Strumpf riss in der Mitte entzwei. Obwohl sich Kubin wegen seiner Trunkenheit nur unbeholfen wehrte, wurde er mit einigen Faustschlägen niedergestreckt. Plötzlich zog der Täter ein Messer, mit dem er auf sein Opfer einstach. Als nach fünf lebensgefährlichen Stichen die Klinge am Heftrand abbrach und in der Wunde stecken blieb, ließ der Unbekannte schließlich von Kubin ab. So schnell der Angreifer aufgetaucht war, so schnell war er auch wieder in der Dunkelheit verschwunden. Der schwer verletzte Kubin rief mehrmals laut um Hilfe, doch niemand hörte seine Schreie. Nach einigen Minuten der Bewusstlosigkeit kam er wieder zu sich und dachte, er wäre verloren, wenn er sich nicht in die Nähe des bewohnten Gebietes retten könnte. Da fiel ihm ein, dass er vor cirka 300 Metern in der Straße »Auf der Schanz« an einem Haus des Roten Kreuzes vorbeigekommen war. Mit letzter Kraft schleppte sich Kubin nun stadteinwärts, und tatsächlich gelang es ihm, bis zum Hofraum des Gebäudes zu kriechen. Seine nur mehr leisen Hilferufe hörte der diensthabende Sanitäter, der den blutüberströmten Mann sofort mit dem Rettungswagen ins Krankenhaus transportierte. Dort gelang es den operierenden Ärzten, den Schwerverletzten zu retten.

Mühevolle Ermittlungen

Für die Ingolstädter Kriminalpolizei begann nun das zunächst hoffnungslose Unterfangen, den brutalen Täter ausfindig zu machen. Der Regen hatte alle Spuren verwischt, lediglich die abgerissene Damenstrumpfhose, mit der das Opfer gewürgt worden war, konnte am Tatort gefunden werden. Im Krankenhaus wurden die Bekleidung Kubins und die stecken gebliebene Messerklinge sichergestellt. Die Ärzte teilten mit, dass durch die Angriffe Milz, Magen, Dünndarm und Zwerchfell verletzt waren, und dass zwei Stiche die Halswirbelsäule beschädigt hatten. Kubin selbst war kaum ansprechbar und gab zunächst nur eine ungenaue Beschreibung des Tatablaufs und des Täters ab. Es gelang nicht, irgendeine Beziehung zwischen Opfer und Täter herzustellen, denn Kubin hatte keine Feinde, somit griff hier auch die Theorie von der Victimologie nicht. Der Schwerverletzte war sogar noch im Besitz seines Geldes und seiner Uhr, ein räuberischer Überfall schied also ebenfalls aus.

In der Lagebesprechung der Kriminalpolizei am Morgen nach der Tat erinnerte sich ein Beamter, dass in den vergangenen Wochen zweimal im Stadtbereich Spaziergänger völlig motivlos von drei jungen Burschen niedergeschlagen worden waren. Als Haupttäter war damals der 19-jährige berufslose Eugen Keiter festgestellt worden. Ungeachtet der Tatsache, dass im vorliegenden Fall nur ein Täter aufgetreten war, entschloss sich der Einsatzleiter, den Jugendlichen zu überprüfen. Zwei Kriminalbeamten, die noch am Vormittag in Keiters Wohnhaus erschienen, wurde zunächst nicht geöffnet, obwohl der Eindruck entstand, dass sich jemand zu Hause aufhielt. Ein Beamter ging deshalb um den Wohnblock herum und sah gerade noch, wie Eugen Keiter aus dem Fenster sprang und davonlief. Der Ermittler konnte den Verdächtigen nach einem kurzen Spurt gerade noch stellen.

In der Zwischenzeit wurde die Wohnungstür von der Mutter Keiters geöffnet, auch ihre 20-jährige Tochter Maria hielt sich zu Hause auf. Maria hatte den Fahndungsbeamten schon früher einmal erzählt, dass sie von ihrem Bruder mit einem Küchenmesser bedroht worden war, und dass es vermutlich er gewesen war, der ihr einen aus Zeitungsschnipseln zusammengesetzten Brief mit Drohungen zugeschickt hatte. Auch die Mutter offenbarte nun, dass sie von ihrem arbeitsscheuen Sohn des Öfteren bedroht und um Geld erpresst worden war. Beide Frauen sprachen von einem Küchenmesser, dass Eugen in der letzten Zeit immer bei sich gehabt hatte, das aber nicht in der Wohnung gefunden werden konnte. Mit diesem Sachverhalt konfrontiert sagte Eugen Keiter zunächst aus, dass er es weggeworfen habe, weil die Klinge abgebrochen war. Ausschlaggebend für das weitere Vorgehen der Kriminalbeamten war die Aussage Maria Keiters hinsichtlich des Alibis ihres Bruders. Sie war am Vortag erst gegen 23.30 Uhr von der Nachtschicht mit ihrem Fahrrad nach Hause zurückgekehrt, als sie gerade die Wohnung betreten wollte, kam ihr Eugen entgegen, der trotz des strömenden Regens noch ausging. Kurz nach Mitternacht war er wieder heimgekehrt, diesmal aber atemlos und, wie es schien, ängstlich. Sofort begann er seine Hose und das Hemd zu waschen. Aufgrund dieser Umstände wurde Eugen Keiter vorläufig festgenommen und zur Dienststelle gebracht. Hier bestritt er entschieden die Tat, verwickelte sich aber bald in Widersprüche. Als er erfuhr, dass das Opfer nicht verstorben war und ihn gegebenenfalls bei einer Gegenüberstellung wiedererkennen konnte, gab

Keiter auf. Er gestand die Tat und führte die Kriminalbeamten im Park an die Stelle, wo er den abgebrochenen Messergriff weggeworfen hatte.

Broken-home Milieu

Eugen wurde als einziger Sohn der polnischen Staatsangehörigen Pjotr und Aniela Keiter geboren. Er hatte noch drei Schwestern, von denen zur Tatzeit eine bereits ausgezogen war. Die Familie hielt sich schon seit Kriegsende in Ingolstadt auf. An seinen Vater konnte sich Eugen kaum erinnern, denn Pjotr Keiter war jahrelang in einer Nervenheilanstalt untergebracht und hatte sich vor drei Jahren in einem Altersheim erhängt. Die schulischen Leistungen Eugens waren weit unter dem normalen Niveau. Er besuchte zunächst zwei Jahre die Grundschule, wurde dann aber in die Sonderschule überstellt und aus der 6. Klasse entlassen. An drei verschiedenen Arbeitsstellen versuchte er sich als Lehrling, wurde jedoch immer vorzeitig aus dem Ausbildungsvertrag entlassen. Zwischen seinem 17. und 18. Lebensjahr befand er sich freiwillig in einem Erziehungsheim, in dem er psychologisch untersucht und als lehrunfähig bezeichnet wurde. Seine geistigen Funktionen waren, wie ihm ein Intelligenztest attestierte, unterdurchschnittlich. Nach seiner Rückkehr aus dem Erziehungsheim ging Eugen Keiter keiner geregelten Arbeit mehr nach und hielt sich nur noch zu Hause auf. Dort las er Groschenromane, schlug seine Mutter, bedrohte seine Schwestern und demolierte das Mobiliar. Die Wohnung befand sich in einem völlig verwahrlosten Zustand. Die Mutter war ihrem aggressiven Sohn in keiner Weise mehr gewachsen. Etwa ein Jahr vor der verhängnisvollen Tat schloss sich Eugen Keiter zwei gleichaltrigen jungen Männern an, mit denen er eine Reihe von Diebstählen beging. Dreimal schlug er gemeinsam mit seinen Freunden, die dabei nur Statistenrollen einnahmen, unbeteiligte Personen ohne Grund nieder und trat die am Boden Liegenden noch mit Füßen. Einem seiner Opfer warf er noch hohnlachend ein Fahrrad auf den Körper.

Seit geraumer Zeit befasste sich Eugen Keiter gedanklich damit, einen Menschen umzubringen. Seine Überlegungen gingen dahin, aus seinem Wohnkreis wegzufahren, in einer fremden Gegend einen Mord zu verüben und anschließend unbemerkt nach Hause zurückzukehren. Über das potentielle Opfer hatte sich Keiter dabei keine Gedanken gemacht, er wollte einfach irgendjemanden töten, egal ob es ein Kind, eine Frau oder ein Mann war.

Der Tatablauf

Am Tattag stand Eugen Keiter erst um die Mittagszeit auf. Am Nachmittag traf er sich wieder mit seinen zwei Freunden in der Innenstadt Ingolstadts. Das Trio suchte mehrere Gastwirtschaften auf, Keiter trank insgesamt etwa drei halbe Liter Bier. In einer der Kneipen las er nebenbei in der Zeitschrift »Wochenend« einen Bericht über den Mord an der 71-jährigen Witwe Berta Kundis aus Augsburg, welche außerhalb ihrer Wohnung mit einem Nylonstrumpf erdrosselt worden war. Die Tatausführung beeindruckte Keiter sehr, besonders gefiel ihm aber folgende Passage des Artikels: »Als wir von der Mordkommission eintrafen und die Leiche entdeckten, wetterten wir zunächst auf das Wetter. Der pausenlose Regen hatte alle Spuren verwischt, obwohl in dieser Gegend normalerweise Fußspuren hätten sichergestellt werden können.« Daher reifte in Keiter die Idee, eine ähnliche Tat unter ebensolchen Umständen auszuführen. Gegen 21 Uhr kehrte Eugen Keiter in die elterliche Wohnung zurück, immer noch beschäftigte ihn der Kriminalbericht. Da es in der Zwischenzeit stark zu regnen begonnen hatte, entschloss er sich, in dieser Nacht einen Menschen zu töten. In der unaufgeräumten Küche fand er die Hälfte einer Damenstrumpfhose, die er sich in die Tasche stopfte. Dann nahm er vorsorglich auch ein Küchenmesser, das eine 16 Zentimeter lange Klinge hatte und sehr spitz war, mit.

Gegen 23.25 Uhr verließ er das Haus. Keiter war etwas verunsichert, weil er damit rechnen musste, dass die gerade heimkehrende Maria ihn nicht decken würde, ließ aber trotzdem nicht von seinem Vorhaben ab. Er machte sich auf den Weg zur Stadtmitte, um nach einem beliebigen Opfer Ausschau zu halten. An einer Straßenecke bemerkte er drei Männer, die sich miteinander unterhielten. Er beobachte sie und registrierte, dass zwei Männer mit einem Auto wegfuhren und der Dritte zu Fuß Richtung Hindenburgpark ging. Keiter verfolgte diesen Mann und war am Parkeingang in der Nähe des so genannten »Hätschenweiher« zur Tat bereit. Er kramte die Damenstrumpfhose aus der Tasche und sprang von hinten katzenartig den nach Hause wankenden Kubin an. Er schlang die Strumpfhose seinem Opfer von vorn um den Hals und zog im Nacken zu. Als der Strumpf riss, war Keiter kurze Zeit irritiert, fasste sich aber schnell wieder und streckte den ihm fremden Mann mit einigen Faustschlägen zu Boden. Nun zog er das mitgeführte Küchenmesser aus seiner Jackentasche hervor und stach wahllos und mit enormer Kraft auf sein Opfer ein. Zunächst traf er den am Boden liegenden Mann links in der Brustseite. Das Messer drang 15 Zentimeter tief in den Körper ein, doch Keiter zog es sofort wieder heraus und stach weiter zu. In der Bauchgegend und in der linken Achselhöhle drang das Küchenmesser abermals bis zum Griff ein. Der Angegriffene bäumte sich voller Schmerzen auf und geriet in die Seitenlage, Keiter stach jedoch erneut zu und traf Kubin im Nacken. Als Keiter ein letztes Mal angriff, klirrte es, und das Messer brach am Heft ab. Die Klinge steckte noch 16 Zentimeter tief in der Wunde. Eugen Keiter ließ verwirrt von seinem Opfer ab und flüchtete, den Messergriff noch immer in der Hand haltend, in den dunklen Park. Dort entsorgte er die Tatwaffe hinter einem Busch und ging eiligen Schrittes nach Hause. Hier traf er abermals mit seiner Schwester Maria zusammen. Wortlos begann er, seine blutverschmierte Hose und sein Hemd zu säubern. Auf Fragen seiner Schwester antwortete Eugen Keiter, dass er die Kleidung deshalb wasche, weil er sich in den nächsten Tagen bei einem Arbeitgeber vorstellen und in sauberer Kleidung erscheinen wolle. Maria gab sich mit dieser Erklärung zufrieden und ging zu Bett, auch Keiter ging schließlich schlafen und wurde erst wieder wach, als die Polizei kam und um Einlass begehrte.

Der Prozess

Mehr als ein Jahr nach der Tat stand der nun 20 Jahre alte Eugen Keiter vor seinen Richtern. Ein läppisches Lächeln auf den Lippen und mitunter völlig apathisch, so präsentierte sich der Angeklagte der Jugendkammer des Schwurgerichts in München und gab den Sachverhalt unumwunden zu. Dass die Wahnsinnstat nicht als Mord endete, sei – so der Gerichtsvorsitzende – nur dem zähen Lebenswillen seines Opfers und drei Glücksumständen zu verdanken: dem Riss des Strumpfes, dem Abbrechen der Messerklinge und der Tatsache, dass dem lebensgefährlich Verletzten wenige Minuten nach dem Verbrechen ärztliche Hilfe zugeführt werden konnte. Wäre das Opfer nur wenig später gefunden worden, hätte ihn mit Sicherheit der Tod durch innere Verblutung ereilt.

In der Hauptverhandlung drehte sich die zentrale Frage darum, ob Eugen Keiter zur Tatzeit zurechnungsfähig war oder nicht. Der Sachverständige, Leiter eines Nervenkrankenhauses, beschrieb seinen Patienten als hundertprozentigen Psychopathen mit einem Hang zur Schizophrenie. Die Mordlust sei ein Ausdruck dieser Krankheit, deren Behandlung mit ungewisser Heilung mehrere Jahre erfordere. Auf jeden Fall müsse Eugen Keiter in eine geschlossene Anstalt eingewiesen werden. Für den Gutachter stand die volle Unzurechnungsfähigkeit des Angeklagten außer Zweifel. Zwei Tage später sprach die Jugendkammer des Schwurgerichts den jungen Mann wegen strafrechtlicher Unzurechnungsfähigkeit, der Ansicht des Psychiaters folgend, von der Anklage des versuchten Mordes frei und ordnete den Aufenthalt in einer Heilanstalt an.

Das Motiv aus der Sicht des Täters

Bemerkenswert waren die Ausführungen Eugen Keiters im Hinblick auf sein Motiv und die Anregung zur Tatausführung. »Wie ich bereits angegeben habe, war ich am Tattag mit meinen Freunden in der Gaststätte »Engelwirt«. Dort habe ich in der »Wochenend« einen Artikel gelesen, in dem ein Mord geschildert wurde, bei dem die

Polizei keine Spuren finden konnte, weil die Tat im Freien und zu einer Zeit verübt wurde, wo es stark geregnet hat. In diesem Artikel hat der Mörder eine Frau mit einem Nylonstrumpf erwürgt und konnte später auch nicht ermittelt werden. Ich wollte es genauso machen und habe bereits beim Lesen dieses Artikels halbwegs den Entschluss zu einer solchen Tat gefasst. Mir hat gefallen, wie der Täter vorgegangen ist, und dass der Mord nicht aufgedeckt wurde.« Eugen Keiter hielt kurz inne, dann erklärte er weiter: »Als es dann den ganzen Abend weiter so stark regnete, habe ich immer wieder darüber nachdenken müssen. Trotzdem habe ich beim Weggehen noch nicht sicher gewusst, ob ich die Tat auch heute ausführen würde. Gemacht hätte ich so etwas auf jeden Fall einmal. Nachdem ich nach Hause gekommen war, dachte ich, ob ich nicht doch zum Tatort zurückgehe und den Mann vollends abmurksen sollte. Als ich nämlich von ihm weggelaufen bin, und er schrie und jammerte, war mir klar, dass er am Leben bleiben würde. Ich sah darin die Gefahr entdeckt zu werden und bin überzeugt davon, dass meine Täterschaft nicht herausgekommen wäre, wenn ich den Mann totgemacht hätte. Ich sehe ein, dass es reiner Blödsinn war, wenn es wenigstens einen Sinn gehabt hätte. Ich habe nicht einmal etwas davon gehabt, weil ich ihn doch nur so niedergestochen habe und nicht einmal daran dachte, ihn auszurauben. Wenn mir die Tat tatsächlich geglückt wäre, das heißt, wenn ich den Mann richtig umgebracht hätte, und nicht geschnappt worden wäre, hätte ich mir bestimmt eine Waffe zugelegt und in München damit eine ähnliche Tat, genau nach Plan, verübt.«

Ist es überhaupt möglich, derart unmotivierte Taten aufzuklären, wenn nicht ein besonderer Umstand oder der Zufall zur Hilfe kommt? Der geschilderte Fall beweist, dass bei Kapitalverbrechen nicht immer eine Täter-Opfer-Beziehung vorhanden sein muss, und dass sämtliche Erfahrungswerte der Kriminologen über die so genannte Kriminalvictimologie nicht unbedingt Anwendung finden müssen.

Disko-Morde

Die Disko »Supermäx« in Dasing an der Autobahn Stuttgart-München war 1993 ein Anziehungspunkt für Jugendliche und Heranwachsende, an den Wochenenden war das Lokal rappenvoll. Am Sonnabend, dem 28. August 1993, gegen 22.35 Uhr kam Christiane Gruber mit ihren Geschwistern in die Disko. Nachdem sie eine Weile getanzt hatte, ging Christiane wenige Minuten vor Mitternacht für einen Moment allein vor die Tür, um auf der Balustrade ein wenig frische Luft zu schnappen. Dann fiel ein Schuss, und die 16-Jährige fiel tödlich getroffen zu Boden. Zeugen sagten später aus, dass gleich nach dem Schuss auf der nahen Bundesstraße 300 ein Auto mit quietschenden Reifen startete und Richtung Aichach davonraste. Noch in derselben Nacht wurde von der Kriminalpolizei Augsburg eine Sonderkommission gebildet. Ein erkennbares Motiv zeichnete sich zunächst nicht ab. Die am folgenden Sonntag durchgeführte Obduktion der Leiche ergab, dass die angehende Arzthelferin durch eine einzige Kugel in den Oberkörper tödlich verletzt worden war.

Um den Tatablauf möglichst realistisch zu rekonstruieren, bauten Beamte der Sonderkommission am folgenden Dienstag um Mitternacht an der Bundesstraße 300 ein Lasergerät mit einem schwenkbaren Stativ auf. Anhand der Verletzungen des Opfers, dem Einschussloch, dem Schusskanal und der Aufschlagkraft des Bleigeschosses errechneten Spezialisten des Bayrischen Landeskriminalamts per Laserstrahl ziemlich genau den Standort des Täters und die Flugbahn der Kugel. Der Heckenschütze hatte demnach von der dunklen Bundesstraße aus etwa 80

Metern Entfernung auf den hell erleuchteten Disko-Eingang gezielt. Obwohl die Polizei mit Metalldetektoren den Boden absuchte, fand sich die Patronenhülse nicht, entweder hatte das benutze Gewehr die Hülse gar nicht ausgeworfen, was für Jagdgewehre typisch ist, oder der Täter hatte direkt aus dem geöffneten Fenster des Autos geschossen. Die Ermittler gingen über 100 Hinweisen aus der Bevölkerung nach, eine heiße Spur war jedoch nicht darunter. Eine Auslobung von 20.000 Mark Belohnung brachte ebenfalls keine brauchbaren Hinweise. Auch die Überprüfung der Gewehre aller Jäger aus der Gegend verlief ergebnislos, der feige Mord an der jungen Disko-Besucherin blieb zunächst ungeklärt.

Mühevolle Sisyphusarbeit

Über Monate hinweg tappten die Beamten der Sonderkommission im Dunkeln. Erst als sie sich in der Diskothekenszene im weiteren Umfeld von Augsburg umschauten, bemerkten sie Ungereimtheiten. Der 40-jährige Lothar Wolf aus Aichach, der eine mobile Hähnchenbraterei und eine Diskothek bei Krumbach betrieben hatte, war im Dezember 1993 plötzlich spurlos verschwunden, angeblich war er nach Amerika ausgewandert. Sein Haus in Aichach hatte Wolf vorher an den 29 Jahre alten Martin Trollmeier aus Radersdorf bei Aichach verkauft, während er selbst sich nun in dessen Haus in Florida eingerichtet haben sollte. Die Ermittler stießen bei ihren Recherchen in der Diskoszene auch auf einen Italiener, der sich »Fabio Taramelli« nannte, und im Herbst 1993 die Diskothek »Uferlos« im Keller der von Trollmeier geführten Gaststätte »Seestuben« in Kühbach bei Aichach betrieb. Als im

Juni 1994 bei einem bewaffneten Überfall auf einen Diskothekenbetreiber in Burgau dieser Italiener als Tatverdächtiger festgenommen gleich darauf aber wieder freigelassen wurde, weil sein Komplize seine Aussagen widerrief, wurden die Beamten stutzig. Auf Weisung des Gaststättenbesitzers Martin Trollmeier hatte ein Rechtsanwalt den Komplizen unter Druck gesetzt.

Die Untersuchungen ergaben weiterhin, dass seit Ende März 1993 der als »Automatenkönig« bezeichnete 41-jährige Josef Helfer aus Wertingen, ein langjähriger Geschäftspartner von Martin Trollmeier, vermisst wurde. Außerdem hatte ein 32 Jahre alter Geschäftsmann aus Kühbach, der nach der Wende nach Leipzig umgesiedelt war und dort mehrere Metzgereien und Bäckereien betrieb, eine Diskothek in Neuburg von Trollmeier gekauft und war von diesem um 250.000 Mark betrogen worden. Als Handlanger von Martin Trollmeier ermittelte die Sonderkommission zunächst den 43-jährigen Karlheinz Solinger, der durch seine Angaben bei der Kriminalpolizei wesentlich zur Aufklärung der verwirrenden Verbrechen beitrug. Die zunächst wichtigste Aussage war, dass Solinger in der Nacht auf den 29. August 1993 das Auto gefahren hatte, aus dem der Schuss auf die 16-jährige Christiane Gruber in Dasing abgegeben wurde, und dass Fabio Taramelli der Schütze gewesen war.

Die »Disko-Mafia«

Nach drei Jahren intensivster Ermittlungen war der Sonderkommission Augsburg eine Verbrecherbande ins Netz gegangen, die mit Brandstiftung, Betrug, Erpressung, Nötigung und Mord die Diskothekenszene rund um Augsburg und in Sachsen terrorisiert hatte. In einer streng geheimen Polizeiaktion wurden am 16. Dezember 1994 Martin Trollmeier, Fabio Taramelli, Karlheinz Solinger und weitere Tatverdächtige festgenommen. Nach und nach sagten die Festgenommenen zu den ihnen zur Last gelegten Verbrechen aus. So entdeckten die Ermittler in den Wochen nach der Festnahme die Leichen vom »Automatenkönig« Josef Helfer und dem angeblich ausgewanderten Lothar Wolf. Helfers Leiche war in Beton gegossen in einem Waldstück bei Kühbach vergraben, Wolfs Leiche fand sich auf dem Anwesen Trollmeiers unter dem Betonboden des Pumpenhäuschens am Radersdorfer Badesee. Helfer war mit einem Gürtel erdrosselt, Wolf erschossen worden. Im Waffenschrank in Trollmeiers Wohnung stand das Jagdgewehr, mit dem auf Christiane Gruber gezielt worden war. Die Aufklärung von drei Morden und einer Reihe weiterer schwerer Straftaten war schließlich das Resultat der mühevollen Arbeit der Sonderkommission.

Als Bandenchef wurde bald der 29 Jahre alte Martin Trollmeier, genannt »Mike«, festgestellt. Der gelernte Koch und Konditor aus Radersdorf im Landkreis Aichach-Friedberg wuchs als Sohn eines wohlhabenden Kieswerkbesitzers auf. Durch zwielichtige Geschäfte, fingierte Rechnungen, kuriose Verträge, dubiose Bürgschaften, Blankoschecks und ungedeckte Wechsel war er zum mehrfachen Diskothekenbesitzer und Hauseigentümer aufgestiegen und erwarb sogar eine Villa in Florida. Der smarte Geschäftsmann mit rotem Ferrari und feinem Zwirn hatte im Laufe der Jahre Komplizen und Helfershelfer um sich geschart, die mit ihm eine Reihe schwerster Straftaten, von mehrfachem Mord über schwere Brandstiftung, versuchtem erpresserischen Menschenraub bis zum Versicherungsbetrug begingen. Einer seiner ergebendsten Komplizen war Fabio

Taramelli, ein 28 Jahre alter Mann, der sich als Italiener ausgab, und als Trollmeiers »Vollstrecker« galt. Erst nach langwierigen Ermittlungen stellte sich heraus, dass der Mann in Wirklichkeit Sarham Muthana hieß und aus dem Irak stammte. Muthana hatte sich 1983 im italienischen Perugia aufgehalten und dort die damals 20-jährige Deutsche Silvia Weber kennen gelernt, der gegenüber er sich als Medizinstudent ausgab. »Unsterblich verliebt, jung und dumm« seien sie damals gewesen, wird Silvia die Situation später schildern, Muthana sei »charmant, höflich, hilfsbereit, temperamentvoll, begeisterungsfähig und sehr kinderlieb« gewesen. Frau Weber lebte mit dem ihr nur als Fabio Taramelli bekannten Mann eine Zeitlang in Italien, 1985 bekamen sie ein gemeinsames Kind. Geldprobleme und Heimweh waren nach einiger Zeit der Grund für die Rückkehr nach Deutschland, Fabio folgte seiner Familie. Er arbeitete in einer Diskothek in Markt Indersdorf als Tellerwäscher, DJ und Schankkellner. Die Beziehung zu Silvia Weber ging 1988 in die Brüche, als sie erkannte, dass Fabio sie permanent belogen und mit anderen Frauen betrogen hatte. Fabio Taramelli arbeitete sich vom Tellerwäscher bis zum Geschäftsführer hoch, betrieb schließlich im Landkreis Dachau selbst eine Diskothek und übernahm 1993 das »Uferlos« im Keller von Trollmeiers Gaststätte »Seestuben« am Radersdorfer Baggersee. Daraufhin beteiligte sich Taramelli bald als »Mann fürs Grobe« an Martin Trollmeiers Machenschaften.

Der 43-jährige Karlheinz Solinger schließlich war neben dem Anschlag auf Christiane Gruber auch an anderen schwerwiegenden Straftaten, wie einem Brandanschlag mit Millionenschaden auf eine Diskothek in Zwickau 1992, an Betrügereien und einem Entführungsversuch beteiligt. 1996 wurde Karlheinz Solinger vom Landgericht

Augsburg zu fünfeinhalb Jahren Freiheitsentzug verurteilt. Wegen seiner Beteiligung an dem Mord wurde er damals freigesprochen, weil ihm nicht sicher nachzuweisen war, dass er davon wusste, dass ein Mensch erschossen werden sollte. Die relativ milde Strafe war wohl auch eine Anerkennung der Tatsache, dass Solinger mit seinen Aussagen wesentlich zur Aufklärung der schweren Verbrechen von Trollmeier, Taramelli und ihren Mitläufern beitrug. Jedoch legte die Staatsanwaltschaft bald Revision ein. 1997 verurteilte ihn eine andere Strafkammer des Landgerichts Augsburg unter anderem wegen Beihilfe zum Mord zu achteinhalb Jahren Freiheitsentzug. Sein Beitrag an der Tötung von Christiane Gruber wurde nun doch als Beihilfe gewertet, der gewährte Nachlass in der ersten Instanz war damit aufgehoben.

Ein Mammut-Prozess

Nach drei Jahren intensiver Ermittlungsarbeit kam es am 4. Februar 1997 vor der Schwurgerichtskammer des Landgerichts Augsburg zum Prozess. Auf der Anklagebank saß allein der Drahtzieher der Disko-Mafia Martin Trollmeier, da vier seiner Handlanger bereits früher zu jeweils mehrjährigen Haftstrafen verurteilt worden waren. Fabio Taramelli konnte nicht mehr zur Verantwortung gezogen werden, denn er hatte sich 1995 in der Justizvollzugsanstalt Straubing mit einer Plastiktüte erstickt.

Es zeichnete sich ein Mammutprozess ab, 110 Zeugen und Gutachter waren geladen. Auf dem Richtertisch lagen neben einem 500-seitigen Ermittlungsbericht auch 450 Tonbänder, auf denen die Ermittler abgehörte Telefongespräche der Bandenmitglieder aufgezeichnet hatten.

Neben der Brandstiftung mit Millionenschaden im Jahr 1992, Betrug, Nötigung und Erpressung standen im Mittelpunkt der Anklage drei Morde. Josef Helfer war lange Zeit Geschäftspartner von Trollmeier und wusste über alle Machenschaften Bescheid, das wurde ihm zum Verhängnis. Am 30. März 1993 wurde Helfer während einer Autofahrt von Fabio Taramelli mit einem Gürtel erdrosselt. Die Leiche wurde in einem vorbereiteten Erdloch einzementiert. Fünf Monate später in der Nacht zum 29. August 1993 geschah der Mord an der 16-jährigen Christiane Gruber vor der Disko »Supermäx« in Dasing. Trollmeier und Fabio Taramelli, so stand es in der Anklage, wollten den gut gehenden Betrieb der Disko durch ein Aufsehen erregendes Tötungsdelikt schädigen. Denn den eigenen Tanzlokalen in der Nachbarschaft fehlte die Kundschaft, und somit blieb das Geld aus. Für Trollmeier und seinen Komplizen unerträglich, denn sie waren dafür bekannt, Geld bündelweise unter die Leute zu bringen. Auf Weisung von Trollmeier fuhren also Karlheinz Solinger als Fahrer und Fabio Taramelli mit dem Jagdgewehr nach Dasing und postierten sich gegen Mitternacht auf der Bundesstraße 300. Als die 16-jährige Diskobesucherin Christina Gruber dann vor die Eingangstür trat, schoss Fabio Taramelli vom Auto aus gezielt auf die junge Frau und traf sie mit einem Schuss tödlich. Anschließend fuhren die beiden mit quietschenden Reifen in Richtung Aichach davon. Der 40 Jahre alte Hähnchenbrater und Disko-Betreiber Lothar Wolf stand dem Angeklagten ebenfalls im Weg. Den einst ergebenen Handlanger hatte Trollmeier von Anfang an finanziell ausgebeutet, am 3. Dezember 1993 fand Wolf beim Pumpenhäuschen am Radersdorfer Baggersee den Tod. Martin Trollmeier hatte dort schon vorsorglich ein Loch ausheben lassen. Bereits Wochen vor dem Mord streute er das Gerücht, dass Lothar Wolf sich nach Amerika abgesetzt habe. Als dieser sich auf Bestellung beim Pumpenhäuschen einfand, wurde er von Fabio Taramelli mit einer Pistole regelrecht hingerichtet, und die Leiche anschließend in dem vorbereiteten Loch einbetoniert. Martin Trollmeier soll Drahtzieher der Morde gewesen sein, obwohl er laut Aussage eines Zeugen im Prozess bei zwei Anschlägen gar nicht am Tatort gewesen war. Für den dritten Mord gab es durch Taramellis Selbstmord keinen Zeugen.

Vor Gericht stellte sich der Angeklagte nun selbst als Opfer dar, denn Fabio Taramelli sei ein unberechenbarer Killer gewesen und habe ihn massiv bedroht. Er habe nur mitgemacht, weil er in ständiger Todesangst um sich und seinen Sohn lebte. Der ehemalige Disko-König weinte bei seiner Aussage und erweckte den Eindruck eines hilflosen Menschen, der in den Einflussbereich des Bösen geraten sei und keine Gegenwehr leisten konnte; eine Rolle, die ihm aber niemand so richtig glauben mochte. Er gab zu an Entführungsversuchen teilgenommen zu haben, räumte auch seine Beteiligung an der Brandstiftung in Zwickau und an weiteren Straftaten ein. Das mit der Brandstiftung sei ein Fehler gewesen, bekundete er, und in der Folgezeit habe er bei weiteren »Aktionen« nur noch widerwillig mitgewirkt, weil er seine Lebensgefährtin und sein Kind schützen wollte. Taramelli drohte ihm nämlich, ein Nachbarskind zu entführen, dem Kind den Kopf abzuschlagen, ihm zur Warnung vor die Haustür zu legen und seiner Frau das Gesicht zu zerschneiden. Unter diesem Druck habe er alle möglichen Erklärungen, Verträge und Schecks unterschrieben, an den drei Morden sei er aber völlig unbeteiligt gewesen.

Die Zweifel an dieser Version wurden im Prozess immer lauter. »Trollmeier war die Spinne im Netz«, stellte der

Staatsanwalt am 26. Verhandlungstag in seinem Plädoyer fest: »Er war der Drahtzieher und Regisseur der Verbrechen.« Hauptakteure der Bande waren nach Meinung des Staatsanwalts zweifelsfrei der Angeklagte und Taramelli. Die dominierende Rolle habe allerdings Martin Trollmeier gespielt, der aus Habgier zunächst die Tötung des Wertinger »Automatenkönigs« Josef Helfer angeordnet hatte, war sich der Staatsanwalt sicher. Im Dezember 1994 sei der »Hähnchenbrater« Lothar Wolff aus Aichach das Opfer gewesen, und auch bei dem für Entsetzen in der Bevölkerung sorgenden Mord an Christiane Gruber habe Trollmeier den Auftrag erteilt und sein Gewehr zur Verfügung gestellt. So sah es der Ankläger und forderte in allen drei Mordfällen eine lebenslange Freiheitsstrafe. Der Verteidiger hielt diese Vorwürfe für nicht erwiesen und plädierte auf eine sechsjährige Freiheitsstrafe für seinen Mandanten, der nur wegen kleinerer Vergehen überführt sei. In seinem persönlichen Schlusswort gestand Trollmeier zwar ein, schwere Schuld auf sich geladen zu haben, mit den Mordfällen habe er aber wirklich nichts zu tun, besonders der Tod eines 16-jährigen Mädchens tue ihm »sehr Leid«.

Das Urteil

Knisternde Spannung herrschte in dem bis auf den letzten Platz besetzten Schwurgerichtssaal des Landgerichts Augsburg, als nach 27 Prozesstagen am 24. April 1997 das Urteil gegen den 29-Jährigen aus Kühbach verkündet wurde. Der Angeklagte, der umringt von Fotografen und Kameraleuten hereingeführt wurde, konnte zunächst noch hoffen. Viele Prozessbeobachter rechneten nicht mit dem, was nun passierte; Trollmeier selbst am allerwenigsten. Als der Vorsitzende Richter das Urteil verkündete, erstarrte er. Schuldig des Mordes an Lothar Wolff, schuldig der Beihilfe zum Disko-Mord in Dasing, Freispruch vom Vorwurf des Mordes an Josef Helfer, Gesamtstrafe: lebenslange Freiheitsstrafe, waren die Kernaussagen. Habgier war nach Überzeugung der Richter das Motiv für die Serie schwerer Verbrechen. Bis zuletzt hatte der Angeklagte seine Unschuld beteuert, die Richter aber glaubten ihm nicht. »Das von dem Angeklagten behauptete Motiv einer andauernden Angst vor Taramelli ist eindeutig widerlegt«, sagte der Gerichtsvorsitzende. Kein einziger der über 100 Zeugen aus dem Umfeld der beiden Männer habe von möglichen Problemen auch nur andeutungsweise etwas bemerkt. Zwar gab es sicherlich einen Einfluss von Taramelli, und der Schluss, der Angeklagte sei der Kopf einer kriminellen Organisation gewesen, könne nicht wirklich gezogen werden, doch Trollmeier habe den »finanziellen Erfolg um jeden Preis« gesucht. »Sein Handeln war ausschließlich gekennzeichnet vom Streben nach Geld, von Habgier in höchst krimineller Form«, sagte der Richter.

Für eine Verurteilung wegen des ersten Mordes an Josef Helfer reichten den Richtern die Indizien nicht aus. Doch schon beim zweiten Mord an der 16-jährigen Christiane Gruber vor der Diskothek in Dasing hatte Trollmeier sich nach Überzeugung des Gerichts der Beihilfe schuldig gemacht. »Es steht völlig zweifelsfrei fest, dass Taramelli das Mädchen vorsätzlich getötet hat. Es war ein eiskalter Mord, heimtückisch und aus Habgier begangen«, führte der Vorsitzende weiter aus. Und Trollmeier, der Taramelli das Jagdgewehr überlassen und hinterher bei der Beseitigung der Tatwaffe geholfen hatte, wusste, was

Taramelli plante. Durch eine »erdrückende Indizienkette« überführt sei Trollmeier im Mordfall Lothar Wolff. Zwar sei auch dieser von Taramelli getötet worden, Trollmeier aber brachte das Vermögen Wolffs an sich. Er veranlasste den 40-Jährigen, einen Abschiedsbrief zu schreiben, der ihn selbst entlasten sollte. Trollmeier habe im Pumpenhäuschen bei seinem Anwesen am Radersdorfer Badesee unter einem Vorwand ein Loch graben lassen, Wolffs Leiche gemeinsam mit Taramelli darin vergraben und später allein einbetoniert. Verurteilt wurde der Angeklagte auch wegen einer Reihe weiterer Verbrechen, unter anderem wegen Brandstiftung, versuchtem erpresserischen Menschenraub und Versicherungsbetrug. Gebrochen und mit versteinerter Miene verließ Trollmeier mit Handschellen an einen Justizbeamten gefesselt den Schwurgerichtssaal.

Die schöne Iris und ihr früher Tod

Iris Zett, die 18-jährige, bildhübsche Bedienung im Restaurant des Squash-Centers von Augsburg war verschwunden. Nach dem Besuch eines Squash-Turniers in der Landeshauptstadt hatten Freunde die junge Frau in der Nacht zum Freitag, dem 27.2.1981, um 1 Uhr nach Hause gebracht. Am Freitagvormittag sollte Iris mit ihrem Chef zur Internationalen Sportartikelmesse nach München fahren. Doch der Geschäftsführer wartete vergebens am vereinbarten Treffpunkt. Die Eltern sahen ihre Tochter am Freitagmorgen um 5 Uhr noch in ihrem Bett liegen, als beide frühmorgens zur Arbeit gingen. Als die 18-Jährige am Samstagabend aber immer noch verschwunden blieb, erstattete ihr Vater eine Vermisstenmeldung bei der örtlichen Polizei in Augsburg. Die Beamten behandelten den Fall jedoch halbherzig, denn die Volljährige konnte ihren Lebensmittelpunkt und Aufenthalt frei bestimmen, zudem trieb der Fasching gerade seinem Höhepunkt entgegen. Der Rosenmontag stand vor der Tür. Iris konnte sich ja bei einem Liebhaber oder sonstigem Bekannten aufhalten. Zu einer besonderen Sorge sahen die Polizisten daher keinen Anlass.

Eine nackte Frau im Wald

Am Sonntagnachmittag kurz vor 15 Uhr machten zwei Spaziergänger in einem Waldstück bei Moorenweis, einem angrenzenden Landkreis, eine schreckliche Entdeckung. Zehn Meter abseits des unbefestigten Waldweges lag im

Hochwald die nackte, zum Teil verbrannte Leiche einer Frau. Die aus der 15 Kilometer entfernt gelegenen Kreisstadt Fürstenfeldbruck herbeigeholten Kriminalbeamten stellten bald fest, dass die Frau offensichtlich erwürgt, mit Benzin übergossen und angezündet worden war. Ein 5-Liter-Kanister lag noch in unmittelbarer Nähe der Leiche. Die Beamten fanden außerdem eine Damenarmbanduhr, zwei Ringe und eine teilweise angebrannte hellbraune Tennistasche. Die Aufkleber des Squash-Centers auf der Tasche lieferten die erste Spur zur Identifizierung der Leiche. Eine polizeiliche Umfrage erbrachte die Erkenntnis, dass seit dem Freitagmorgen die dort beschäftigte Iris Zett vermisst wurde. Der Vater der jungen Frau wurde zu der Toten im Wald geführt und identifizierte sie als seine Tochter. Bereits 62 Stunden nach ihrem letzten Lebenszeichen erlosch jede Hoffnung Iris lebend wieder zu sehen. Der Fundort war aber nicht zugleich der Tatort, stellten die erfahrenen Kriminalbeamten schnell fest. Der oder die Täter mussten Iris Zett also schon erwürgt mit einem Auto in den Hochwald gebracht haben. Außer Schleifspuren vom Waldweg zum Liegeort der Leiche fanden die Ermittler jedoch keine auswertbaren Spuren.

Falsche Spuren

Die Vernehmungen der Eltern brachten keine Hinweise auf einen möglichen Täter. Der Bruder der toten Iris, der ebenfalls noch im Elternhaus wohnende 23-jährige Hasan, berichtete, dass er in der Nacht von Donnerstag auf Freitag durchgezecht hatte und erst gegen 6 Uhr morgens stark alkoholisiert nach Hause gekommen war. Er habe sich sofort ins Bett gelegt und bis zum Nachmittag geschlafen, seine Schwester hatte er gar nicht mehr gesehen. Die Ermittlungsbeamten schauten sich in der Wohnung der Familie und besonders in dem von der Tochter bewohnten Zimmer um, fanden allerdings nichts Verdächtiges. Dann befragten sie die Nachbarschaft, wobei sich erste Hinweise ergaben. Ein Nachbar wollte am Freitagmorgen gegen 9 Uhr gesehen haben, wie Iris Zett in einen hellen Mercedes, vermutlich ein Taxi, eingestiegen und weggefahren war. Die Überprüfung der Taxiunternehmen brachte keine Klärung, niemand wollte die 18-Jährige an dem fraglichen Tag gefahren haben. Allerdings war für Donnerstag eine Tour zur Wohnung von Iris Zett und zurück in die Stadt vermerkt. Der Fahrer konnte sich noch genau an die hübsche Frau erinnern, nicht am Freitag, sondern am Vortag hatte er die Bedienung von ihrer Wohnung abgeholt. Nachdem der Nachbar mit dem ermittelten Sachverhalt konfrontiert wurde, räumte er schließlich ein, sich geirrt zu haben.

Gemeinsam mit den Eltern wurden die von Iris zuletzt getragenen Kleidungsstücke ermittelt. Die Ermordete hatte demnach eine Jeans, eine dunkelblaue Weste mit Reißverschluss, weiße Socken und weiße, halbhohe Stiefel getragen, sie führte außerdem eine hellbraune Ledersporttasche mit zwei Reißverschlüssen mit sich. Gerüchten zufolge stand der Tod der Bedienung in Zusammenhang mit Vorgängen in der Münchner Rauschgiftszene, hierfür konnten jedoch keinerlei Belege gefunden werden. Im großen Bekanntenkreis der Getöteten wurden auch zwei Ägypter ermittelt, mit denen die junge Frau in den Tagen vor ihrem Tod viel Zeit verbracht hatte. Die beiden Männer, international bekannte Squash-Spieler, gerieten in die Mühlen der polizeilichen Überprüfungen, aber ein konkreter Tatverdacht konnte nicht erbracht werden, so dass die Sportler nach England abreisen konnten.

Die Aufklärung

Die Kriminalpolizei in Augsburg bildete eine Sonderkommission, bestehend aus Beamten des Kommissariats 11, Fahndungsbeamten, Leuten vom Erkennungsdienst und Kollegen der für den Fundort zuständigen Kriminalaußenstelle. Die 20 Beamten waren seit dem Sonntagnachmittag Tag und Nacht bemüht, Licht in das ominöse Dunkel um den Tod der schönen Iris zu bringen. Während die Bevölkerung sich in wilden Zügen dem Faschingstreiben am Rosenmontag und Faschingsdienstag hingab, forschten die Ermittler nach dem oder den Mördern der 18-jährigen Bedienung. Kriminalhauptkommissar Falb vom Kommissariat 11 hatte die Hauptsachbearbeitung übernommen, als ihm die Ermittlungen festgefahren zu sein schienen, begann er noch einmal ganz von vorn. Obwohl er keine konkreten Anhaltspunkte hatte, bezog er die Eltern und den Bruder der Toten erneut in die Überprüfungen mit ein. Allerdings schieden Vater und Mutter schnell als Tatverdächtige aus. Über Hasan Zett fand sich in den Kriminalakten jedoch ein aufschlussreicher Hinweis. Vor fünf Jahren war der damals 18-Jährige vermisst gemeldet worden, er war davongelaufen, weil er eine Strafe fürchtete, die ihm wegen einer Gewalttat drohte. Der junge Mann hatte in der Nacht vor seinem Verschwinden unter einem fadenscheinigen Vorwand ein 16 Jahre altes Mädchen aus einem Lokal gelockt, es im Würgegriff in eine Baustelle geschleppt, dort in einen halbfertigen Keller gestoßen, bis zur Bewusstlosigkeit gequält und schließlich allein zurückgelassen.

Das Alibi des Bruders gewann unter Berücksichtigung dieser Erkenntnisse ganz besonderes Gewicht. Hauptkommissar Falb fuhr mit seinem Assistenten noch einmal hinaus in den Vorort. Die beiden Beamten schauten sich in der Wohnung Zett gründlich um und fanden im Fell der Bettvorlage schließlich einen kleinen goldenen Anhänger, der von einer Halskette abgerissen worden war. Die dazugehörige Kette lag im Erdgeschoss neben dem Telefon. Die persönlichen Gegenstände der ermordeten Frau befanden sich vollständig in der elterlichen Wohnung, Geldbörse, Brieftasche, Ausweis, Wäschebeutel, Schminktäschchen, auch von der Bekleidung fehlte nichts. Bei der erneuten Befragung der Mutter erfuhren die Ermittler, dass diese nach dem Verschwinden von Iris einen nassen Fleck im Leintuch des Bettes ihrer Tochter bemerkt hatte. Sie räumte ein, dass es sich um Urin gehandelt haben könnte. Frau Zett erklärte schließlich noch an dem fraglichen Freitag einen Schlüpfer ihrer Tochter im Wäschekorb gefunden zu haben, der ganz mit Urin durchnässt war. Hauptkommissar Falb brachte die neuen Erkenntnisse in logische Zusammenhänge. Er wusste aus seiner langjährigen Berufserfahrung, dass Menschen urinieren, wenn sie gewürgt werden. Für den Ermittler wurde bald klar, dass Iris Zett in ihrem eigenen Bett getötet worden sein musste. Der Tatverdacht richtete sich automatisch auch gegen den Bruder der Toten. Als sie einen Nachbarn auf das Alibi Hasans ansprachen, erlebten die Polizisten eine Überraschung. »Der Hasan ist am Freitagvormittag gegen 9 Uhr mit seinem Auto nach Hause gekommen und in den Hof gefahren«, berichtete dieser arglos. Hasan Zett aber hatte ausgesagt, dass er gegen 6 Uhr heimgekommen war, sich sofort ins Bett gelegt und ununterbrochen bis zum Nachmittag geschlafen hatte. Der Bruder der Getöteten gestand das Verbrechen, als er mit der neuen Sachlage konfrontiert wurde. Er hatte seine Schwester in ihrem Bett mit den Händen erwürgt und die Leiche dann in den Wald bei Moorenweis gebracht.

Das Geständnis

Hasan Zett berichtete stockend und immer wieder von Weinkrämpfen unterbrochen: »Ich habe mir extra Urlaub genommen, um mit meinen Freunden einmal richtig Fasching feiern zu können. Am Donnerstag haben wir eine richtige Sauftour unternommen. Ich bin erst am Freitagmorgen gegen 6 Uhr heimgekommen und habe mich sofort ins Bett gelegt, um meinen Rausch auszuschlafen. Aber nach cirka einer Stunde kam meine Schwester zu mir ans Bett und wollte etwas. In meinem Rausch bin ich zuerst gar nicht mitgekommen. Sie sagte immer wieder ›Komm, steh auf und fahr mich bitte mit dem Auto in die Stadt!‹ Aber ich wollte nicht. Ich war ja noch stockbesoffen.« Langsam erklärte er weiter: »Die Iris aber ließ mir keine Ruhe. Mindestens viermal kam sie und riss mich immer wieder aus dem Schlaf. Als sie mir schließlich die Bettdecke wegzog und mit dem Fuß nach mir stieß, wurde ich wütend. Ich bin aus dem Bett gesprungen und habe nach ihr geschlagen. Wir sind bei dem Gerangel in ihr Zimmer gekommen. Es entwickelte sich ein wildes Gekratze, auf ihrem Bett erwischte ich sie dann irgendwie am Hals, da habe ich zugedrückt. Auf einmal hat sie sich nicht mehr gerührt. Schlagartig war ich ernüchtert. Ich habe versucht, ihren Herzschlag zu hören, aber da war nichts mehr. Ich wollte sie bestimmt nicht umbringen, ich wollte nur meine Ruhe haben.«

»Und wie kam die Leiche dann hinaus in den Wald bei Moorenweis?« fragte Hauptkommissar Falb. »Als ich merkte, dass meine Schwester tot war, sind mir Tausend Gedanken durch den Kopf gegangen. Sollte ich zur Polizei gehen? Sollte ich mich selbst umbringen? Oder was sollte ich tun? Da ist mir dann der Gedanke gekommen, die Tote wegzuschaffen, damit unsere Eltern nichts merken. Ich zog Iris aus dem Bett und schleifte sie über die Treppe hinunter in den Flur. Dabei rutschte ihr der Schlüpfer herunter, sonst hat sie ja nichts angehabt. Zunächst habe ich den Schlüpfer in den Wäschekorb geschmissen und dann mein Auto so abgestellt, dass sich der Kofferraum unmittelbar vor der Haustür befand, und die Leiche hineingelegt. Dann bin ich fortgefahren. Ich bin ziellos herumgekurvt bis ich auf einem Feldweg bei einem Waldstück gelandet bin. Dort hielt ich an, hob den Leichnam meiner Schwester aus dem Kofferraum und schleifte ihn einige Meter in den Hochwald. Jetzt kam mir der Gedanke, die Leiche mit Benzin zu übergießen und zu verbrennen, damit alle Spuren beseitigt werden, und niemand mehr feststellen kann, wer sie überhaupt ist. Ich holte aus meinem Auto den Reservekanister, übergoss die Leiche mit Benzin und zündete alles an. Dann bin ich in meinen Wagen gestiegen und nach Hause gefahren. Dort habe ich mich wieder ins Bett gelegt und bis zum Nachmittag geschlafen.«

Der Prozess

Ein halbes Jahr nach der Tat kam es vor der Schwurgerichtskammer des Landgerichts Augsburg zum Prozess gegen den 23-jährigen Hasan Zett. Acht Zeugen und vier Sachverständige waren geladen. Die Anklage lautete auf ein Verbrechen des Totschlags. Der Angeklagte zeigte sich auch vor Gericht geständig. Die Frage der Schuldfähigkeit des jungen Mannes spielte in dem Prozess eine besondere Rolle. Ein Gutachter errechnete für die Tatzeit bei dem Angeklagten einen Blutalkoholgehalt von 2,8 Promille und damit eine erhebliche Alkoholbeeinflussung. Im nervenärztlichen Gutachten wurde dem jungen Mann »wegen einer tief greifenden Bewusstseinsstörung zur Tatzeit ein eingeschränktes Steuerungsvermögen« attestiert. Als Anhaltspunkte machte der Sachverständige bei Hasan Zett »den Mangel aus, mit Affekten und Aggressionen umzugehen, sowie seine Veranlagung, auf seelische Belastungen mit explosionsähnlichen Ausbrüchen zu reagieren«.

Der Staatsanwalt sprach dem Angeklagten zumindest bedingten Tötungsvorsatz zu und forderte wegen eines Verbrechens des Totschlags eine Strafe von acht Jahren Freiheitsentzug. Der Verteidiger plädierte auf Körperverletzung mit Todesfolge und bezog seine Ausführungen auf einen der vier Sachverständigen, der verdeutlicht hatte, dass schon bei einem kurzen Druck auf den Hals ein so genannter Reflextod eintreten könne. Deshalb, so schlussfolgerte der Anwalt, sei die Aussage des Angeklagten, er habe seine Schwester nicht töten wollen, nicht zu widerlegen. Als Folge könne nur von Körperverletzung mit Todesfolge ausgegangen werden. Der Verteidiger sprach sich für eine Haftstrafe von »unter fünf Jahren« aus.

Das Urteil

Nach drei Tagen Verhandlungsdauer verurteilte die Schwurgerichtskammer des Landgerichts den 23-Jährigen wegen Körperverletzung mit Todesfolge zu sechs Jahren Freiheitsentzug. Der Gerichtsvorsitzende betonte, dass es von der Höhe der Strafe her unbedeutend sei, ob der Angeklagte wegen Totschlags oder, wie geschehen, wegen Körperverletzung mit Todesfolge verurteilt werde. Das Gericht zweifelte wegen des »Tempos des Tatablaufes« daran, dass dem Angeklagten die tödlichen Folgen seines Handelns ins durch den Alkohol getrübte Bewusstsein gedrungen seien. Die Richter rechneten Hasan Zett sein ehrliches Geständnis hoch an: »Er hätte es leicht gehabt zu erklären, er sei von der Getöteten durch übelste Beschimpfungen zu der Gewalttat hingerissen worden. Ein versierter Krimineller hätte das auch getan.« Vergessen und außer Acht gelassen wurde bei dieser Beurteilung, dass der Täter nach der Tat alles getan hatte, um den Verdacht von sich zu lenken, und erst nach langen Ermittlungen zu einem Geständnis bei der Kriminalpolizei bereit war.

»Die Reue des Angeklagten«, so der Gerichtsvorsitzende, »helfe allerdings der toten Schwester in ihrem Sarg auch nicht mehr.« Alleinige Ursache der Tat sei der Alkohol gewesen, argumentierte er: »Wäre der Angeklagte nüchtern gewesen, als ihn seine Schwester weckte, um zur Arbeit gefahren zu werden, wäre es nicht so weit gekommen.« In diesem Zusammenhang wies das Gericht sogar eine gewisse Mitschuld der Getöteten zu. »Sie hätte wissen müssen, dass der Angeklagte unter Alkoholeinfluss nur mit Vorsicht zu genießen ist.« Als sehr bedenklich bezeichneten die Richter im Urteil, dass Hasan Zett vor Jahren schon einmal im Rausch ein Mädchen wegen eines unbedachten Wortes bis zur Bewusstlosigkeit gewürgt hatte. »Objektiv ein abscheuliches Verhalten«, nannte es der Vorsitzende Richter, dass Zett versucht habe, den Leichnam seiner Schwester im Wald zu verbrennen. Das Gericht habe aber keine Möglichkeit gesehen, dies strafverschärfend zu werten, weil das Verbrennen mit der Straftat selbst nichts zu tun hatte. »Aus der Sicht des Angeklagten ist es durchaus zu verstehen, dass er mit der Toten alle Spuren beseitigen wollte, die zur Aufdeckung hätten führen können.« Hasan Zett nahm noch im Gerichtssaal das Urteil an.

Der Justiz-Ady und seine Freunde aus Istanbul

Es war eiskalt an jenem Sonnabend, dem 30.1.1982, in Augsburg. Um 19.42 Uhr erhielt die motorisierte Streife des 4. Polizeireviers von der Einsatzzentrale der Polizeidirektion den Auftrag zum Hochhaus an der Berliner Allee zu fahren. Der Hausmeister des 20-stöckigen Gebäudes erwartete die Beamten bereits vor dem Eingang zum Treppenhaus. Aufgeregt rief er: »Im siebten Stock ist ein Mord geschehen!« Die Polizisten fuhren mit dem Aufzug in die siebte Etage. Vor der Wohnung Nr. 715 erwartete sie ein Mann, der sich als Bruder des Wohnungsinhabers vorstellte und berichtete: »Auf der Liege im Wohnzimmer liegt mein Bruder. Er ist tot.« Polizeiobermeister Albert ging in die Wohnung und überzeugte sich von der Richtigkeit dieser Aussage. Er nahm dem Hausmeister die Wohnungsschlüssel ab, sperrte die Tür von außen ab und berichtete über Funk den Sachverhalt dem Kriminaldauerdienst. Der von der Einsatzzentrale vorsorglich verständigte Notarzt traf kurze Zeit später ein, er konnte nur noch den Tod des 54-jährigen frühpensionierten Justizangestellten Adolf Schritter feststellen und wies darauf hin, dass der Mann gewaltsam ums Leben gekommen und schon einige Tage tot sein musste.

Die Mordkommission wird tätig

Binnen einer Stunde waren 20 Kriminalbeamte im Einsatz, Männer vom Kommissariat 11, dem Mordkommissariat, Kollegen vom Erkennungsdienst und die Leute vom Kommissariat 32, der Fahndung. Kriminalhauptkommissar Lutz übernahm die Hauptsachbearbeitung, zusammen mit seinem Kommissariatsleiter sah er sich vorsichtig in der Wohnung um. Adolf Schritter lag, nur mit einem Unterhemd und einer Hose bekleidet, linksseitig auf einer Couch in der Stube. Die Couch, der Boden und die Wände waren mit Blutspuren, die bereits eingetrocknet waren, verschmiert. Das Kabel des Telefons war durchtrennt. Im gesamten Zimmer lagen verstreute Farbbilder, der Erkennungsdienst sollte später insgesamt 123 Aufnahmen zählen. Diese Fotografien zeigten junge Männer, überwiegend südländische Typen, in pornografischen Posen. Scheinbar hatte jemand nach einem ganz bestimmten Bild gesucht. Im Schlafraum waren die Schranktüren aufgerissen, eine Herrenhandtasche lag auf dem benutzen Bett, auch sie war durchwühlt worden. Der Raum war mit kleinen Kärtchen, auf denen Telefonnummern standen, übersät. Mitunter war die angegebene Nummer mit der des Wohnungsinhabers identisch, aber verschiedene Stadtvorwahlen wiesen auch Rufnummern aus ganz Deutschland aus. Spuren eines Kampfes waren nicht zu erkennen. Auf der Anrichte im kleinen Flur lag ein Küchenmesser mit Wellenschliff, dessen Spitze abgebrochen war. An dem Messer waren Blutanhaftungen, es schien die Tatwaffe zu sein. »Alles deutet darauf hin, dass sich das Opfer und der oder die Täter gekannt haben, dass es sich also um eine Beziehungstat handelt«, meinte Kommissariatsleiter Günther. Die Tat muss schon vor einigen Tagen geschehen sein«, stellte Hauptkommissar Lutz fest, »das Blut ist überall eingetrocknet, die Leiche selbst geht schon in Fäulnis über.«

»So wie es aussieht, gibt es keinen Zweifel«, brummte der erfahrene Beamte Günther, »der Mann ist hier in der

Wohnung getötet worden. Überdeutlich zeichnet sich ab, dass wir es mit einem Homosexuellenmord zu tun haben.« Die Kriminalbeamten befragten die Nachbarschaft des Opfers. Der Hausmeister des Hochhauses kannte den Getöteten recht gut: »Der Ady bat mich oft, während seiner Abwesenheit die Blumen in seiner Wohnung zu gießen. Er war oft verreist. Alle paar Monate fuhr er nach Istanbul in die Türkei. Dass Ady sich häufig mit jungen Männern eingelassen hat, ist ja seine Privatsache gewesen. Zuletzt habe ich ihn mehrmals gewarnt, aber er hat nur abgewinkt. ›Das sind alles gute Freunde‹, sagte er zu mir.«

»Wissen Sie, wo sich Adolf Schritter seine Bekanntschaften gesucht hat?« fragte Hauptkommissar Lutz. »Vor allem in einem Lokal am Königsplatz und in der Bahnhofsgegend«, wusste der Hausmeister. »Ab und zu ist er auch nach München gefahren und hat Männer zu sich in die Wohnung mitgebracht. Meistens waren es Türken und Pakistani.«

»Und wann haben Sie Herrn Schritter zuletzt lebend gesehen?« wollte Kommissariatsleiter Günther wissen. »Der Ady war doch im Krankenhaus«, berichtete der Zeuge. »Vor einer Woche ist er wieder zurückgekommen. Seit letzten Montag habe ich ihn allerdings nicht mehr gesehen. Ich war der Meinung, dass Ady wieder einmal unterwegs sei.« Nun mischte sich der Bruder des Toten in das Gespräch ein: »Ich habe am Mittwoch oder am Donnerstag mit dem Ady noch telefoniert. Später sollte sich jedoch herausstellen, dass diese Aussage irreführend war, und sich der Bruder um eine ganze Woche geirrt hatte.

Spät in der Nacht vom Sonnabend auf Sonntag zogen die Ermittler eine erste Bilanz in ihrem Büro: Der 54-jährige Frühpensionär Adolf Schritter war eine Woche vor seiner Auffindung nach einer Leistenbruchoperation aus dem Krankenhaus in seine Wohnung im siebten Stock des Hochhauses an der Berliner Allee zurückgekehrt. Der Mann, der in seinen Kreisen als »Ady von der Justiz« bekannt war, hatte sehr viele Männerbekanntschaften und -besuche. Die Besucher waren immer zu zweit zu ihm gekommen. Es handelte sich dabei fast ausschließlich um jüngere Männer aus der Türkei und Pakistan. Aus der Wohnung des Opfers fehlte nach ersten Feststellungen eine Armbanduhr, eine Kamera und die Wohnungs- und Autoschlüssel. Der Wagen Schritters stand allerdings unbenutzt in der Garage. Merkwürdig war, dass in der Wohnung zwei weitere Fotoapparate, eine Geldkassette und sonstige Wertgegenstände unberührt geblieben waren. Mit der Bemerkung, dass da eine Menge Arbeit auf sie zukommen würde, beschloss der Kommissariatsleiter Günther gegen 2 Uhr nachts die Besprechung.

Die ersten brauchbaren Spuren

Am Sonntag um 9 Uhr waren wieder alle Beamten einsatzbereit in der Zentrale. Die Fachleute vom Erkennungsdienst untersuchten erneut die Tatwohnung, um jede Kleinigkeit zu registrieren, zu fotografieren, zu vermessen und zu beschreiben. Die Kollegen von der Fahndung befragten noch einmal die Nachbarschaft und suchten später bekannte Homosexuellentreffs auf, um die dort kursierenden Männer zu sprechen. Kommissariatsleiter Günther gelang es, dass noch am Sonntag die Obduktion der Leiche vorgenommen wurde, wobei zwei seiner Mitarbeiter anwesend waren. Der Todeszeitpunkt wurde auf spätestens Montag vor Auffindung der Leiche geschätzt. Bei der Sektion fanden die Mediziner eine in der

Wirbelsäule steckende Messerspitze. An der linken Lendenseite des Toten kam der eingedrückte Knopf eines Herrenhemdes zum Vorschein. Am rechten Schulterblatt haftete ein gebrauchtes Heftpflaster, und in der Flankengegend der Leiche fand sich ein nur zwölf Millimeter langer Federstift. Eine Stunde später lagen diese Fundstücke auf dem Schreibtisch von Hauptkommissar Lutz. Die Messerspitze passte genau zu dem in der Tatwohnung gefundenen Küchenmesser, somit war der Beweis erbracht, dass es sich hierbei um die Tatwaffe handelte. Lange rätselten die Beamten, was es mit dem kleinen Federstift auf sich hatte, dann kam die einleuchtende Erklärung: »Das ist der Haltestift einer Armbanduhr, mit dem Stift wird das Armband an der Uhr befestigt.«

»Jetzt brauchen wir nur noch jemanden finden, der eine Armbanduhr mit abgerissenem Band, und vielleicht auch noch eine Verletzung an der Hand hat, die mit einem Heftpflaster verbunden werden kann, dann haben wir den Täter«, stellte der Kommissariatsleiter sarkastisch fest.

Wertvolle Akten

Hauptkommissar Lutz studierte unterdessen die über Adolf Schritter vorliegende Kriminalakte genau, plötzlich fuhr er wie elektrisiert hoch. »Das ist eine heiße Spur«, rief er, »das Opfer ist vor mehr als einem Jahr bestohlen worden. Drei junge Männer, arbeitslose Türken, haben ihm das Auto geklaut. Die Burschen waren damals seine Sexualpartner. Sie haben ihm die Autoschlüssel gestohlen und sind mit seinem Wagen davongefahren. Das Fahrzeug ist zwei Wochen später völlig demoliert in München aufgefunden worden. Die Diebe sind zwar bestraft worden, aber vielleicht haben sie sich jetzt dafür gerächt.« Die Männer des Kommissariats 11 suchten aufmerksam geworden die Kriminalakten der damaligen Diebe heraus. Jedoch fand sich in den Unterlagen kein Hinweis auf den jetzigen Aufenthalt der jungen Männer, und das Einwohnermeldeamt war am Sonntag unbesetzt. Beim Ausländeramt war ebenfalls niemand zu erreichen. Die Justizvollzugsanstalt, in der die drei Autodiebe ihre Strafe verbüßt hatten, konnte aber aus den Kriminalakten festgestellt werden. Von dort erfuhren die Polizisten, dass zwei der Täter nach der Strafverbüßung in Abschiebehaft genommen und dann in die Türkei ausgewiesen worden waren. Der dritte Mann, der nur 17 Jahre alte Halil Suleiman, lebte nach seiner Entlassung offensichtlich wieder bei seinen Eltern in Augsburg. Sofort fuhren zwei Fahnder zu der in den Akten vermerkten Wohnung, doch die Familie Suleiman wohnte nicht mehr dort, und die Nachbarn wussten auch nicht, wo die Familie hingezogen war. Es dauerte eine Weile bis doch ein Mitarbeiter des Einwohnermeldeamts, der Zugang zur Meldedatei hatte, Auskunft geben konnte. Die neue Anschrift der Familie Suleiman wurde ermittelt, aber Halil Suleiman war nicht zu Hause.

Der erste Verdacht

»Der Halil ist bei seiner Freundin«, sagte die öffnende Frau Suleiman, aber wie diese heißt, und wo sie wohnt, wusste sie nicht. Die ratlosen Fahnder überlegten, wie sie weiter vorgehen sollten. »Die Autodiebe von damals, die haben doch auch geschlechtliche Beziehungen mit Adolf

Schritter gehabt, das sind sicher Strichjungen«, meinte einer der Fahndungsbeamten. »Und draußen bei Papas in Langendorf, einem angeblich russisch-orthodoxen Pfarrer, der auch schwul sein soll, halten sich immer mehrere junge Männer auf«, wusste ein anderer Ermittler. Aufs Geratewohl fuhren die Beamten zu dem Geistlichen hinaus in den Landkreis. Sie hatten Glück, Halil Suleiman hielt sich tatsächlich dort auf. Ohne viele Umstände nahmen die Fahnder den jungen Mann mit, der gar nicht erstaunt ob ihres Erscheinens war. Als sie ihm ein Lichtbild von Adolf Schritter vorlegten, sagte Halil spontan: »Das ist der Ady von der Justiz, der wohnt im Hochhaus an der Berliner Allee.«

Eine Vernehmung mit Folgen

Halil Suleiman wurde Hauptkommissar Lutz vorgeführt. Der junge Mann zeigte sich gesprächig. »Sie wissen ja, dass meine Freunde und ich dem Ady vor einem Jahr das Auto geklaut haben.«

»Danach war dir Adolf Schritter nicht böse?« fragte der Beamte interessiert. »Nein, der war ja froh, wenn wir ihn besucht haben«, antwortete Halil. »Wann warst du das letzte Mal bei ihm?« erkundigte sich Lutz. »Warten Sie mal, ich glaube, das war am letzten Montag«, berichtete Halil. »Jetzt wird die Sache hochinteressant«, dachte der Kommissar aufgewühlt und fragte weiter. »Warst du allein bei ihm?«

»Nein, Erol war dabei«, sagte der junge Mann völlig gleichgültig. »Erzähl doch, was wolltet ihr denn dort?« wollte der Ermittler wissen. Suleiman berichtete: »Ich war eigentlich gar nicht in der Wohnung von Ady, da ist nur

Erol hineingegangen. Den Erol kennt der Ady auch, der ist auch schon ein paar Mal bei ihm gewesen. Sie wissen schon. Erol und ich waren in der Stadt und haben zunächst im Spielsalon gespielt, aber wir hatten dann kein Geld mehr. Da habe ich zu Erol gesagt, dass beim Ady was zu holen wäre. Der Erol ist sofort darauf eingegangen. Wir sind mit dem Bus zum Hochhaus rausgefahren. Auf der Fahrt habe ich dem Erol erzählt, dass ich mit Freunden dem Ady vor einem Jahr das Auto geklaut habe, und dass Ady hernach gar nicht böse gewesen ist. Da hat Erol gemeint, dass wir das heute auch wieder machen könnten. Erol und ich sind mit dem Lift bis zum siebten Stock hochgefahren. Erol sagte dann, dass es vielleicht doch besser wäre, wenn er allein zu Ady in die Wohnung gehen würde. Ich bin deshalb im Gang in der Nähe des Aufzugs stehen geblieben und habe auf Erols Rückkehr gewartet. Ich habe auch noch gesehen, wie der Erol von Ady in die Wohnung gelassen worden ist. Erol ist dann aber lange nicht mehr herausgekommen. Ich bin deshalb abgehauen und wieder in die Altstadt zurückgefahren.«

»Und der Erol, wo ist der jetzt?« fragte Hauptkommissar Lutz gespannt. »Das weiß ich nicht«, antwortete Halil Suleiman, »ich habe ihn seit damals im Hochhaus nicht mehr gesehen und getroffen.«

»Aber du weißt, wie Erol vollständig heißt, und wo er wohnt?«

»Nein, Herr Kommissar, das weiß ich nicht, der ist eben Erol. Unter uns wird da nicht weiter gefragt. Er ist ein Türke, der erst vor einem Jahr hergekommen ist. Wo der wohnt, kann ich nicht sagen. Wir haben uns meistens im Spielsalon in der Kaiserstraße getroffen.« Hauptkommissar Lutz eröffnete seinem Gegenüber nun, dass Adolf Schritter ermordet worden ist. Halil rührte diese Mitteilung jedoch wenig. Er sagte nur: »Ich habe damit nichts zu tun.« Dem jungen Mann wurde erklärt, dass er vorläufig festgenommen sei und bis zur Aufklärung des weiteren Sachverhalts unter Arrest gestellt würde.

Festgenommen

Die Beamten der Fahndung unter Leitung von Kommissariatsleiter Hipper benötigten ganze fünf Stunden um Erol zu finden. Erneut führte die Spur zum Langendorfer Pfarrer, dessen Haus die Fahnder observierten. Als am Sonntagabend gegen 22 Uhr vier junge Burschen die Wohnung des Geistlichen betraten, griffen die Beamten zu. Pfarrer Stanislaw Oljokan, der in homosexuellen Kreisen nur »Papas« genannt wurde, bezeichnete Erdogan Jalovaz als denjenigen, den die Übrigen »Erol« riefen. Die Ermittler durchsuchten die Kleidung Erdogans und fanden in den Taschen eine Armbanduhr mit abgerissenem Band und ein Ledermäppchen mit mehreren Schlüsseln, darunter befand sich auch ein Opelschlüssel. Erdogan Jalovaz wurde festgenommen und in die Zentrale gebracht. Dort warteten schon Kommissariatsleiter Günther, Hauptkommissar Lutz und ein Großteil ihrer Mitarbeiter. Die Polizisten hatten das Gefühl, den schweren Raubmord allmählich lösen zu können, doch Erdogan Jalovaz leugnete hartnäckig. Zunächst gab er zu verstehen, dass er der deutschen Sprache nicht mächtig sei. Nachdem ein Dolmetscher geholt wurde, bestritt der 20-jährige Türke, dessen Asylbegehren abgewiesen worden war, und der über keine gültige Aufenthaltserlaubnis verfügte, entschieden überhaupt am betreffenden Tag mit Halil Suleiman zusammengewesen zu sein und sich in der Wohnung

Schritters aufgehalten zu haben. Es war bereits nach Mitternacht, als die Beamten die Vernehmung resigniert abbrachen. Erdogan Jalovaz wurde in den Arrest gebracht, während die Ermittler müde und abgekämpft nach Hause fuhren.

Vor dem Ermittlungsrichter

Am Montagvormittag wurden alle jungen Männer, die mit den beiden Tatverdächtigen in Verbindung standen, von den Beamten des Kommissariats 11 vernommen. Dabei gewannen die Ermittler wertvolle Erkenntnisse, langsam konnten sie das Geschehen am Tattag rekonstruieren. Als Erdogan Jalovaz dem Ermittlungsrichter vorgeführt wurde, verfügte dieser bereits über eine Menge an Beweisen, die den Tatverdacht rechtfertigten. Doch auch vor dem Richter blieb der junge Mann bei seinen Aussagen. »Ich habe das nicht getan«, gab er zu Protokoll. »Ich kenne den Ady, war auch schon drei- oder viermal in seiner Wohnung. Das letzte Mal aber schon im August vorigen Jahres. Warum sollte ich den Ady umgebracht haben? Ich habe gar keinen Grund gehabt. Ich weiß auch nicht, wer ihn getötet haben könnte.« Der Ermittlungsrichter ordnete trotzdem die Untersuchungshaft an. Als der Dolmetscher den jungen Mann von dem Haftbefehl in Kenntnis setzte, blieb Erdogan Jalovaz eine ganze Weile still. Man sah ihm an, dass er innerlich aufgewühlt war und fieberhaft überlegte. Dann ließ er übersetzen: »Gut, ich werde jetzt aussagen. Ich und der Halil haben es zusammen gemacht.« Dann schilderte er die Tat bis in alle Einzelheiten.

Der Tatablauf

Nach unzähligen Vernehmungen stellte sich das Geschehen für Hauptkommissar Lutz folgendermaßen dar. Erdogan Jalovaz und Halil Suleiman, die sich beide mehrfach als Strichjungen betätigten, übernachteten in der Nacht vor der Tat bei Stanislaw Oljokan in Langendorf. Ein junger Österreicher namens Wolfi hielt sich an diesem Abend ebenfalls bei Papas auf. Am nächsten Tag, dem 25. Januar 1982, trieben sich die drei Stricher zunächst in der Innenstadt Augsburgs herum und suchten mehrere Spielsalons und verschiedene Kaufhäuser auf. Als sie Hunger verspürten, jedoch keinerlei Geld bei sich hatten, beschlossen sie, einen homosexuellen Künstler aufzusuchen und sich von diesem bewirten zu lassen. Beim Essen verletzte sich Erol leicht mit dem Messer an der Fingerkuppe. Der Gastgeber brachte ein Heftpflaster und verband damit die kleine Wunde. Die Bitte der drei ihnen mit Geld auszuhelfen, schlug der Künstler allerdings aus. Gegen 18 Uhr verließen die jungen Männer die Wohnung. Auf der Straße trennten sich die beiden Türken von ihrem Begleiter.

Dann schlug Halil Suleiman vor, den beiden bekannten Ady an der Berliner Allee aufzusuchen. »Wir holen uns sein Auto«, meinte er und erzählte seinem Freund, dass er diesen Wagen schon einmal gestohlen hatte. »Ich habe eine richtige Wut auf Ady, weil der mich damals angezeigt und ins Gefängnis gebracht hat«, erklärte Halil weiter. Die beiden schmiedeten bereits auf dem Weg zum Hochhaus Pläne, dabei war es der 17-jährige Halil Suleiman, der zuerst davon sprach, Ady umzubringen. Zunächst wollten sie sich eine Pistole beschaffen, aber so schnell war keine Waffe zu besorgen. Suleiman disponierte schnell um und machte den Vorschlag ein Messer zu benutzen. Die beiden jungen Männer besprachen alles bis ins kleinste Detail, Erdogan Jalovaz sollte bei Ady um Einlass begehren und später seinen Freund dazuholen.

Adolf Schritter freute sich auf ein erotisches Erlebnis, als er den jungen Erol vor seiner Wohnungstür stehen sah. Ohne Argwohn ließ er ihn in die Wohnung und bewirtete ihn mit einem Colamixgetränk. Dann schaltete er einen Videofilm ein und begann sich auszuziehen. Dem wartenden Halil Suleiman dauerte es unterdessen zu lange, doch als er läutete, wies ihn der Wohnungsinhaber barsch ab. Als der 17-Jährige erneut klingelte, öffnete ihm Erol. Die beiden unterhielten sich eine Weile in ihrer Muttersprache, bis Halil seinen Freund drängte, endlich zu handeln. »Im unteren Fach des Küchenschrankes ist ein großes Messer«, sagte er, »nimm es und versetz ihm von hinten einen Stich in den Rücken. Dann kommst du und machst mir die Tür auf, damit ich auch hinein kann.« Erol fand das große Messer sofort und versteckte es an seinem Körper unter der Jacke. Dann ging er zu seinem Gastgeber ins Wohnzimmer zurück und wünschte, Fotos anzusehen. Adolf Schritter holte die Bilder, setzte sich auf die Couch und breitete die Aufnahmen auf dem Wohnzimmertisch aus. Während er sich arglos mit den Fotografien befasste, trat Erol von hinten an ihn heran, zog das Messer hervor und stieß es seinem Opfer mit voller Wucht bis zum Heft in den Rücken. Der Versuch das Küchenmesser wieder herauszuziehen, um erneut zu zustechen, misslang dem Angreifer, es steckte zu fest. Adolf Schritter brüllte vor Schmerzen laut auf. Der wartende Halil hörte die Schreie bis auf den Flur und bekam es nun doch mit der Angst, fluchtartig verließ er das Hochhaus.

Kurz darauf öffnete Erol die Wohnungstür, um Halil in die Wohnung zu lassen, aber dieser war bereits verschwunden. Aufgrund des Lärms schloss der junge Mann schnell die Wohnungstür wieder ab und eilte in die Stube zurück. Dort wand sich Adolf Schritter auf der Couch vor Schmerzen und schrie um Hilfe. Erol stürzte sich nun auf sein Opfer und würgte es am Hals. Adolf Schritter wehrte sich und packte seinen Peiniger am Handgelenk, wobei das Band der Uhr des Täters riss. Die Armbanduhr fiel zu Boden, außerdem löste sich auch ein Knopf von Erols Hemd. Mit aller Gewalt zog Erol wiederholt am Messergriff im Rücken seines Opfers, bis es ihm endlich gelang, das Küchenmesser aus der Wunde zu reißen. Dann stach er wie von Sinnen auf den Frührentner ein, bis dieser sich nicht mehr rührte. Bei der Tat hatte sich der 20-Jährige selbst verletzt, ungerührt suchte er nun nach Verbandszeug, um die Wunde zu versorgen. Dann nahm er die Wohnungsschlüssel vom Brett im Flur und verließ das Haus. Eine Viertelstunde suchte er noch nach Halil, doch der war längst in die Innenstadt zurückgefahren. Erst jetzt bemerkte Erdogan Jalovaz, dass er seine Armbanduhr verloren hatte. Erschrocken stellte er zudem fest, dass er auch seine Wohnungsschlüssel im Appartement des Getöteten liegen gelassen haben musste. Kaltblütig fuhr er noch einmal hinauf in die siebte Etage, schloss die Wohnung auf und betrat den Ort seiner scheußlichen Tat.

Adolf Schritter lag leblos und blutbesudelt auf dem Sofa, unter dem toten Körper fand Erol seine Uhr wieder. Dann fiel sein Blick auf die vielen verstreuten Fotografien mit den eindeutigen Posen. Er selbst war einmal von Adolf Schritter abgelichtet worden, nach längerem Suchen fand er dieses Bild und steckte es ein. Schließlich schaute Erol noch nach Geld, aber war wohl doch zu aufgewühlt, denn er übersah dabei eine Geldkassette im Kleiderschrank des Schlafraumes. Dafür fand er eine wertvolle Kamera, die er in einer Plastiktüte mitnahm. Als Erol merkte, dass seine Jacke blutüberströmt war, zog er sie aus und verstaute sie ebenfalls in dieser Tüte. Mit einer Jacke aus dem Schrank des Toten bekleidet verließ Erdogan Jalovaz schließlich die Wohnung seines Opfers. Nachdem der junge Täter seinen Freund Halil Suleiman auch in der Innenstadt nicht fand, fuhr er zu seinem spärlich möblierten Zimmer über einem Garagenbau in der Altstadt. Am nächsten Morgen verkaufte Erol die Kamera in einer Pfandleihe und kleidete sich mit dem Erlös in einer Boutique neu ein. Halil Suleiman traf er bis zu seiner Festnahme nicht mehr.

Der Strafprozess

Ein halbes Jahr nach der Tat kam es vor der Jugendkammer des Landgerichts Augsburg zum Prozess gegen den 20 Jahre alten Erdogan Jalovaz und den nun 18-jährigen Halil Suleiman. Der Staatsanwalt warf den Angeklagten vor, ihr Opfer heimtückisch, grausam und aus Habgier getötet zu haben. In vier Verhandlungstagen kamen insgesamt 20 Zeugen und zwei Sachverständige zu Wort. Als ein eiskaltes Verbrechen aus Geldgier und Rache, als einen Mord aus gefühlloser unbarmherziger Gesinnung bezeichnete der Ankläger die Gewalttat an Adolf Schritter. In seinem Plädoyer machte der Staatsanwalt beim Tatanteil keinen Unterschied zwischen Erdogan Jalovaz und Halil Suleiman, den er als geistigen Urheber der Bluttat sah. Den Jüngeren, der größtes Interesse an dem Mord gehabt habe und diese jederzeit hätte verhindern können, treffe dieselbe Schuld wie den Älteren, führte er aus. Der Ankläger forderte daher für die beiden Angeklagten die höchstmögliche Jugendstrafe von zehn Jahren Haft. Der

Verteidiger von Erdogan Jalovaz räumte ein, dass es sich um »die entsetzliche Tat eines entwurzelten Menschen« handele, wehrte sich jedoch dagegen, dass der jüngere Angeklagte seinem Mandanten die ganze Schuld zuschob. Jalovaz habe Adolf Schritter zunächst nur einen Messerstich versetzt, um ihn dann absprachegemäß dem Komplizen auszuliefern. Der sei allerdings davongelaufen, als das Opfer um Hilfe geschrieen habe. Sein Mandant wollte den 54-Jährigen »nur still machen«, und weil sich Schritter wehrte, habe der junge Mann nun selbst Angst bekommen. Den Tod des Frührentners habe der 20-Jährige nicht gewollt, deshalb könne er nur wegen Körperverletzung mit Todesfolge belangt werden. Der Anwalt des Halil Suleiman plädierte auf gefährliche Körperverletzung und forderte eine Strafe unter drei Jahren. Er versicherte dem Gericht: »Mein Mandant wollte nur das Auto des Opfers, sein Tod ist ihm nicht anzulasten. Er habe allenfalls gewollt, dass das Opfer kampfunfähig gemacht werde. Im Übrigen habe er ständig versucht, Erol von der Tötung Schritters abzuhalten.«

Das Urteil

Die Jugendkammer verurteilte die beiden Türken wegen gemeinschaftlich begangenen, »gemeinen und scheußlichen Meuchelmordes« an dem 54-jährigen Adolf Schritter zu hohen Haftstrafen. Über Erdogan Jalovaz, der die tödlichen Messerstiche geführt hatte, verhängte das Gericht die höchstmögliche Jugendstrafe von zehn Jahren. Der zur Tatzeit noch 17 Jahre alte Komplize Halil Suleiman, der nach Ansicht der Richter die entsprechenden Impulse zu dem Mord gegeben hatte, wurde zu acht

Jahren Freiheitsentzug verurteilt. Der Vorsitzende betonte bei der Urteilsbegründung, dass die »brutale, gemeine und heimtückische Tat« aus der Lebensführung der beiden und ihren schädlichen Neigungen zum Übermaß entstanden sei. Beide hätten in der Großstadt gestreunt, der Ältere habe von Sozialhilfe und, wie der Jüngere auch, von den Einnahmen als Strichjunge gelebt. Angesichts notorischer Geldknappheit seien sie in ihrem Unterschlupf, einem Homosexuellentreff im Landkreis, auf die Idee gekommen, Adolf Schritter heimzusuchen, »einen Mann, der ihnen die Wäsche wusch, sie essen ließ und ihnen mit Geld ausgeholfen hatte«.

Die merkwürdige Lebensgeschichte von Erol

Der Haupttäter Erdogan Jalovaz hatte sich mit einem türkischen Nationalpass ausgewiesen, in dem als Geburtsdatum der 1.1.1962 eingetragen war. Bei seiner Vernehmung behauptete der junge Mann jedoch, dass er erst am 15.4.1964 geboren worden sei, was zu dem Schluss führen musste, dass der Tatverdächtige tatsächlich zwei Jahre jünger war und damit als Jugendlicher zu gelten hatte. Der junge Mann besaß auch einen Ausweis, in dem am Geburtsdatum der Vermerk »Tas« stand. Nach Auskunft von Fachleuten bedeutete diese Anmerkung, dass das Geburtsdatum berichtigt wurde. Das deutsche Generalkonsulat in Istanbul machte die Mitteilung, dass eine Abänderung des Geburtsdatums in der beschriebenen Art durchaus den Gepflogenheiten der türkischen Behörden entsprach.

Erdogan Jalovaz war anderthalb Jahre vor der Tat in Augsburg aufgetaucht. Er stellte bei der Ausländerbehörde einen Asylantrag mit der Begründung, dass er in seinem Heimatland wegen seiner politischen Betätigung einer Gefahr für Leib und Leben ausgesetzt gewesen sei und deshalb die Flucht ins Ausland habe antreten müssen. Auskunftspersonen sagten allerdings genau das Gegenteil, der junge Mann sei der Sohn eines Amtsrichters und finanziell abgesichert gewesen. Er habe sich auch gar nicht politisch betätigt, sondern habe aus freien Stücken, sozusagen aus Abenteuerlust, die Heimat verlassen. Das Bundesamt für die Anerkennung ausländischer Flüchtlinge wies den Asylantrag des jungen Türken in erster Instanz zurück und stufte ihn nicht als politisch Verfolgten im Sinne des Artikels 16 des Grundgesetzes ein.

Eine Abschiebung war jedoch nicht erfolgt. Zwar wurde Erol aufgefordert, die Bundesrepublik zu verlassen, hatte aber Widerspruch dagegen eingelegt. Die Geltungsdauer seines Aufenthalts wurde daraufhin bis 22.9.1981 verlängert. Für die Verwaltungsbehörden galt Erdogan Jalovaz somit weiter als Asylbewerber. Das Sozialamt gewährte ihm über ein Jahr lang Unterstützung. Der junge Türke arbeitete nicht und führte das ungebundene Leben eines Stadtstreichers, der immer in Geldverlegenheit war. Als die Kriminalpolizei über den Tatverdächtigen Näheres aus der Türkei wissen wollte, bekam sie zweierlei Auskunft. Das Generalkonsulat in Istanbul teilte mit, dass nach Angaben der zuständigen Polizei- und Militärbehörden über Erdogan Jalovaz nichts Nachteiliges bekannt sei. Einige Monate später kam über Interpol jedoch die Mitteilung, dass der junge Mann in der Türkei wegen Mordes gesucht werde. Nähere Einzelheiten erfuhren die Ermittler in Deutschland aber nicht.

Kidnapping in Ingolstadt

Anfang des Jahres 1961 gab es in der unmittelbar westlich an die Stadt Ingolstadt angrenzenden Gemeinde Friedrichshofen helle Aufregung. Am Freitag, dem 3. Februar, war gegen 18.30 Uhr der siebenjährige Hansi Knaupp verschwunden. Ein Freund des Jungen brachte kurz darauf den Eltern einen Brief mit der Aufforderung um 19.30 desselben Tages 2.000 Mark an einer bestimmten Stelle in der Nähe der Ortschaft Friedrichshofen zu hinterlegen. Der so kurzfristig angesetzte Zeitpunkt war durch eine Verzögerung der Briefübergabe und auch dadurch versäumt worden, dass die Eltern zunächst der Meinung waren, es würde sich um einen üblen Faschingsscherz handeln. Zur gleichen Zeit waren nämlich in ihrer Gastwirtschaft die Vorbereitungen zu einem Faschingsball in vollem Gange, und das Verschwinden des kleinen Hansi war noch gar nicht bemerkt worden. Als der Vater des entführten Kindes verspätet mit dem Geld am Treffpunkt eintraf, war weder vom Entführer noch von Hansi etwas zu sehen.

Bereits gegen 19 Uhr des darauf folgenden Tages wurde in Ingolstadt der 18 Jahre alte ledige Maurer Peter Schwinzinger aus Fingerhausen bei Ingolstadt festgenommen, als er gerade von einer öffentlichen Telefonzelle aus mit dem Vater des Entführten telefonierte und diesen erneut zur Herausgabe des Geldes aufforderte. Schwinzinger gestand noch in der gleichen Nacht, Hansi Knaupp entführt zu haben. Bei einer Hausdurchsuchung fanden Kriminalbeamte im Schrank des Verdächtigen in der elterlichen Wohnung einen Zeitungsbericht aus dem Jahr 1960 über den Erpressungsversuch eines 15-jährigen Lehrlings und eine Reportage mit der Überschrift »Der Kinderraub in Paris scheint zu beweisen: Verbrechen lohnt sich doch!« über die Entführung des Kindes des Industriellen Peugeot in Frankreich. Der Beschuldigte hatte sich seit dem Erscheinen dieser Artikel gedanklich mit erpresserischen Entführungen beschäftigt und kam bei den täglichen Unterhaltungen am Arbeitsplatz mit seinen Kollegen immer wieder auf das Thema zurück. Über den Jahreswechsel 1960/61 versuchte er es dann praktisch, er rief telefonisch in Ingolstadt zwei Firmen an und verlangte die Hinterlegung von 300 Mark an zwei entlegenen Stellen, andernfalls würden die Häuser der Angerufenen in die Luft gesprengt. Schwinzinger wartete allerdings vergeblich auf das Geld, die Verantwortlichen der angerufenen Unternehmen hatten die dilettantischen Erpressungsversuche nicht ernst genommen.

Erpresserbriefe

Seit dem 25. Januar 1961 befasste sich Peter Schwinzinger ernsthaft mit der Entführung des Gastwirtssohnes Hansi Knaupp aus Friedrichshofen. An diesem Tag wurde er nämlich im Hauptpostamt Ingolstadt von einem Schüler beobachtet, wie er einen Erpresserbrief schrieb. Er hatte aus einem mitgeführten Formular für die Antragstellung auf Erteilung eines Führerscheins ein Blatt herausgerissen und darauf einen Erpresserbrief an Frau Knaupp entworfen. Da er dann aber offensichtlich zu der Überzeugung gelangt war, dass er auf diesem Brief seine Handschrift nicht richtig verstellt hatte, zerriss er das beschriebene Blatt und warf die Schnipsel nach Verlassen des Postamts auf die Straße. Anschließend ging er zu seinem in der

Nähe abgestellten Kleinkraftrad und fuhr damit davon. Der Oberschüler war dem Briefschreiber unauffällig nachgegangen und sammelte die Papierschnipsel des zerrissenen Erpresserbriefes auf. Zu Hause setzte er sie wieder zusammen und konnte so den vollständigen Text des Briefes lesen. Zu diesem Zeitpunkt sah der Junge aber keine Veranlassung, seine Beobachtungen der Polizei mitzuteilen. In der Folgezeit entwarf Schwinzinger noch einen zweiten Erpresserbrief an die Familie Knaupp, vernichtete aber auch diesen wieder. Den dritten aufgesetzten Brief, den er auf ein Löschblatt schrieb, nutzte er dann bei der Entführung des kleinen Hansi.

Die später der Polizei in die Hände gefallenen Briefe waren sehr primitiv geschrieben und mit Durchstreichungen versehen. Der Text des zur Tat verwendeten Briefes lautete: »Familie Knaupp, wir haben ihren Sohn, ihre Frau entführt und bitten sie Folge zu leisten, sonst sehen sie ihren Sohn nie wieder. Wir fordern 2.000 Mark. Aber ohne Polizei und wenn sie dazwischen kommt, kommt ihr Sohn, ihre Frau nicht zurück, dan töten wir sie, das Geld bringen sie in einer Zigarrenkisten heute um halb acht an die Kreutzung Samhoferweg und Friedrichshofenerweg. Wir warten darauf. Ohne Polizei. Meier Ludwig« Anstelle der Worte »ihre Frau« und »sie« hatte der Briefschreiber zunächst »ihren Sohn« und »ihn« geschrieben, diese Worte dann aber durchgestrichen. Dass diese nachträglichen Änderungen mit seinem von vornherein gefassten Plan, den Sohn zu entführen, nicht zusammenpassten, war dem Schreiber offensichtlich entgangen. Angesichts dieses stümperhaften und fehlerhaften Schreibens war es verständlich, dass die Wirtsleute zunächst an einen schlechten Faschingsscherz dachten, zumal Frau Knaupp ja im Lokal bei der Arbeit war.

Die Entführung

In der Zeit zwischen dem 25. Januar und dem 3. Februar 1961 versuchte Peter Schwinzinger mindestens dreimal erfolglos, Hansi Knaupp zu entführen. Er begab sich jeweils in die Nähe der Gastwirtschaft »Zum Lamm« an der Kreuzung Ingolstädter/Friedrichshofener Straße und wartete darauf, dass er des Kindes habhaft werden konnte. Jedes Mal wurde er jedoch von zufällig hinzukommenden Personen in seinem Vorhaben gestört. Am 3. Februar 1961 gegen 17.15 Uhr verließ Peter Schwinzinger mit seinem Moped die elterliche Wohnung in Fingerhausen und fuhr Richtung Ingolstadt. Wieder beabsichtigte er, im stadtnahen Friedrichshofen den siebenjährigen Hansi Knaupp zu treffen. Da es um diese Zeit noch hell war, fuhr Schwinzinger zunächst spazieren. In der Nähe eines einsamen Bauernhofes, etwa zwei Kilometer von Friedrichshofen entfernt, musste er sein Kleinkraftrad abstellen, weil das Benzin ausgegangen war. Zu Fuß ging Schwinzinger nun nach Friedrichshofen und kam von der Schultheißstraße in die Nähe des Gasthauses »Zum Lamm«. Zur gleichen Zeit hielten sich die Kinder Hansi Knaupp, Günter Boden und Manfred Behringer auf der Fahrbahn der damals nur wenig befahrenen Straße auf. Günter Boden sollte für seine Eltern in einem nahestehenden Bauerngehöft Milch holen, die beiden anderen begleiteten ihn. Als Peter Schwinzinger den drei Kindern begegnete, erkannte er Hansi Knaupp sofort und sah sich seinem Vorhaben näher kommen. Er sprach die Jungen an, stellte sich ortsunkundig und bat sie, ihm ein auswärts gelegenes Cafè zu zeigen. Im Laufe des Gesprächs wandte Schwinzinger sich an Hansi und vergewisserte sich mit den Worten: »Gell, du bist der kleine Knaupp!« davon, dass er auch das richtige Kind vor sich hatte.

Günter Boden holte schließlich die Milch und die drei Kinder befanden sich schon wieder auf dem Heimweg, als sie erneut mit Peter Schwinzinger zusammentrafen, der sich abermals nach dem entfernt gelegenen Cafè erkundigte. Während Manfred Behringer nach Hause lief, erklärten sich Günter Boden und Hansi Knaupp bereit, den fremden Mann zu begleiten. Als sie am Ortsrand anlangten und somit außer Sichtweite der Friedrichshofener waren, zog Peter Schwinzinger den vorbereiteten Erpresserbrief aus seiner Brieftasche und gab ihn Günter mit dem Auftrag, ihn den Eltern von Hansi zu bringen. Er versprach dem Kind auch noch 2 Mark, wenn es seine Weisung befolgen und anschließend wieder zurückkommen würde. Der Kleine lief mit dem Brief in der Hand davon. Unterdessen klopfte Schwinzinger Hansi auf die Schulter und sagte: »Du bleibst bei mir und zeigst mir das Cafè Stark.« Schwinzinger kannte sich in der Gegend ganz genau aus und wusste, dass dieses Anwesen erst etwa 100 Meter weiter ortsauswärts lag. Hansi spazierte tatsächlich mit dem Fremden weiter, der ihn an der Hand hielt. Als der Siebenjährige schließlich nach Hause gehen wollte, überredete ihn Schwinzinger, noch ein Stück mit ihm querfeldein zu laufen.

Der Mord an dem kleinen Hansi

Einige Minuten später wollte Hansi erneut nach Hause und begann zu quengeln. Daraufhin zog Schwinzinger das Kind weiter in das Feld hinein, dort hockten sich beide auf seine Veranlassung hin. Gleich darauf stürzte sich der Mann auf den Jungen und würgte ihn mit beiden Händen am Hals. Peter Schwinzinger hatte nämlich schon geraume Zeit zuvor den Entschluss gefasst, das Kind nach der geglückten Entführung sofort umzubringen. Hansi Knaupp wehrte sich zunächst verzweifelt, kratzte seinen Peiniger an den Händen und verkrallte sich in dessen Wollschal. Bald aber erlahmte seine Widerstandskraft, Schwinzinger drehte den schlaffen Körper um und drückte das Gesicht Hansis in die Ackererde. Danach drehte er das Kind erneut auf den Rücken und würgte es mit beiden Händen am Hals, bis es keinerlei Lebenszeichen mehr von sich gab. Die Leiche des Jungen ließ Schwinzinger am Tatort liegen. Er selbst holte sein Kleinkraftrad und schob das Fahrzeug bis in die Nähe der Stelle, die er in seinem Erpresserbrief als Geldübergabeort bezeichnet hatte. In einer Entfernung von etwa 100 Metern wartete er dann auf den Überbringer. Nachdem aber in der nächsten halben Stunde niemand gekommen war, ging Schwinzinger schließlich, sein Moped neben sich her schiebend, nach Hause. Gegen 21 Uhr kam er in der elterlichen Wohnung an, ging gleich zu Bett, konnte aber angeblich sehr lange nicht einschlafen, weil er sich gedanklich noch mit seiner Tat auseinandersetzte. Erst gegen 4 Uhr fand er endlich Ruhe.

Die Polizei im Einsatz

Im Gasthaus der Familie Knaupp war man am Nachmittag und Abend des 3. Februar 1961 voll beschäftigt, ein Maskenball war angesetzt. Die Vorbereitungen liefen auf Hochtouren, als gegen 19 Uhr Günter Boden mit dem Erpresserbrief eintraf. Die Eheleute Knaupp dachten sich nach einer flüchtigen Betrachtung des Zettels zunächst, es würde sich ein Gast auf diese makabere Art zum Ball einführen. Als die Knaupps aber nach geraumer Zeit feststellten, dass ihr Sohn Hansi nicht auffindbar war, betrachteten sie den Brief noch einmal genauer. Dabei mussten sie feststellen, dass der Erpresserbrief auch auf ihren Sohn bezogen werden konnte und verständigten daher sofort die Polizei. Obwohl die in dem Brief festgelegte Geldübergabe in der Zwischenzeit bereits verstrichen war, machte sich der Vater des entführten Kindes auf Weisung der Polizei gegen 20 Uhr mit einem Bündel Geld doch noch auf den Weg zur angegebenen Stelle, traf dort aber niemanden mehr an.

Unterdessen hatte die Polizei die Ermittlungen aufgenommen, hinsichtlich der örtlichen Zuständigkeit gab es zunächst kleine Probleme. Die Ortschaft Friedrichshofen gehörte damals in den Bereich der Landpolizei, für Ingolstadt war die Stadtpolizei mit einer eigenen Kriminalabteilung verantwortlich. Die Grenze beider Zuständigkeiten verlief unmittelbar an der stadteinwärts gelegenen Ostseite der Schultheißstraße, die Fahrbahn selbst gehörte zum Bereich der Landpolizei. Schließlich übernahmen Beamte der damals noch existierenden Kriminalaußenstelle Pfaffenhofen der Landpolizei die federführende Sachbearbeitung, und die Beamten der Stadtpolizei traten der gebildeten Sonderkommission bei. Zuerst wurden kleinere Befragungen und Überprüfungen durchgeführt und der geplante Geldübergabeort überwacht. Schnell musste der Entschluss gefasst werden, ob in der Wochenendausgabe des »Donaukuriers« die Kindesentführung bekannt gegeben werden sollte, denn der Redaktionsschluss stand an. Die Kriminalbeamten befürworteten schließlich eine Veröffentlichung. Am Sonnabend, dem 4. Februar 1961, meldete sich gegen 18 Uhr ein Oberschüler bei der Stadtpolizei Ingolstadt, der am Hauptpostamt einen verdächtigen Mann beobachtet hatte. Der

Schüler hatte die Veröffentlichung in der Zeitung gelesen und folgerichtig die Kindesentführung mit diesem Erlebnis in Zusammenhang gebracht. Nachdem er den wieder zusammengesetzten Brief der Polizei übergab, konnte bei einem Vergleich mit dem der Familie Knaupp zugestellten Zettel klar ermittelt werden, dass die Handschrift identisch war. Der Jugendliche hatte sogar das Kennzeichen des Mopeds notiert, mit dem der Briefschreiber weggefahren war. Das Kennzeichen führte die Beamten zu Peter Schwinzinger nach Fingerhausen. Eine Polizeistreife traf den 18-Jährigen aber nicht zu Hause an, er war mit dem Fahrrad nach Ingolstadt gefahren, um dort telefonisch mit den Eheleuten Knaupp Verbindung aufzunehmen.

Der Täter wird gefasst

Während sich einige Kriminalpolizisten die Feststellungen des Oberschülers schildern ließen und diesen Erkenntnissen nachgingen, kam von der Post der Hinweis, dass gerade ein Mann mit dem Vater des verschwundenen Hansi spreche. Die Ermittler hatten nämlich mit Einverständnis der Eheleute Knaupp eine Telefonüberwachung installieren lassen. Gegen 19 Uhr schrillte dann tatsächlich in der Gastwirtschaft das Telefon, und Peter Schwinzinger meldete sich als der im Erpresserbrief genannte Ludwig Meier. Er verlangte von dem Vater abermals Geld, versprach aber, sich auch mit zunächst 500 Mark zu begnügen, das Kind wollte er jedoch erst zurückgeben, wenn er die geforderten 2.000 Mark erhalten hatte. Während des Gesprächs gelang es der Telefonüberwachung, den Ausgangsort des Anrufs zu lokalisieren. Es war eine öffentliche Telefonzelle im Nordosten Ingolstadts, zu der nun sofort zwei Streifenwagen der Stadtpolizei fuhren. Peter Schwinzinger hatte noch den Hörer in der Hand, als die Beamten ihn in der Telefonzelle festnahmen. Der 18-Jährige wurde zur Kriminalpolizei Ingolstadts gebracht. Zunächst bestritt Peter Schwinzinger dort hartnäckig, mit der Entführung des Kindes überhaupt etwas zu tun zu haben. Bei der Durchsuchung der Bekleidung des Tatverdächtigen fand sich aber ein Stück des herausgerissenen Formulars, auf dem der erste Erpresserbrief geschrieben wurde, in seiner Brieftasche. Schwinzinger leugnete trotzdem.

Nach einigen Stunden gab er zu verstehen, dass nicht er sondern ein Bekannter den Jungen entführt hatte. Als sich auch diese Aussage bei einer Überprüfung als Lüge herausstellte, erklärte er schließlich das Kind selbst entführt zu haben und in einer Scheune gefangen zu halten. Erst nach Mitternacht eröffnete Schwinzinger, dass Hansi gar nicht mehr lebt. Er führte schließlich die Kriminalbeamten zum Tatort, an dem die leicht verschneite Leiche noch immer lag. Erschöpft und erschüttert standen die Ermittler vor dem leblosen Körper, knapp 30 Stunden nach der scheußlichen Tat hatten sie den Täter festgenommen, empfanden aber keinerlei Befriedigung, denn das Kind war sinnlos gemordet und den Eltern unsägliches Leid zugefügt worden. Obwohl das Opfer schon tot war, hatte Schwinzinger auf die Bezahlung seiner Forderung, angesichts der sonst bei Erpressungen üblichen Beträge eine lächerlich kleine Summe, bestanden und die Eltern in dem Glauben gelassen, sie könnten ihr Kind lebend wiedersehen. Der Ermittlungsrichter beim Amtsgericht Ingolstadt erließ gegen Peter Schwinzinger Haftbefehl wegen eines Verbrechens des Mordes.

Das Gerichtsverfahren

Während der Untersuchungshaft untersuchten ein Psychiater und ein Psychologe Peter Schwinzinger. Die Gutachter bezeichneten ihren Probanten als haltlos, gefühlskalt, ichbezogen, unbeherrscht und von geringer Originalität. Er benötige ständig Modelle für seine Taten, so habe er auch die Ausführung der Mordtat an Beispielen genau geplant. Beide Sachverständige sprachen davon, dass in der Pubertät des 18-Jährigen eine allgemeine Weichenstellung zum Asozialen erfolgt sei. Trotzdem sahen sie aber keinen Anlass zu der Annahme einer Geistesschwäche bei Schwinzinger, die Gutachter hielten ihn statt dessen für strafrechtlich voll verantwortlich und stellten fest, dass er zum Zeitpunkt der Tat als Erwachsener zu beurteilen sei, denn Gründe für eine Einstufung als Jugendlicher seien nicht vorhanden. Interessant war Schwinzingers Einstellung zur Strafe. Als er von einem Gutachter gefragt wurde, was er für ein Urteil sprechen würde, wenn er seine eigene Tat beurteilen müsste, erklärte er lakonisch: »Die Todesstrafe.« Am 30. Mai 1961 verurteilte die Jugendkammer des Landgerichts München II Peter Schwinzinger wegen Verbrechen gemäß §§ 211, 239a, 253, 255, 249, 251, 56, 43, 73 des Strafgesetzbuchs zu lebenslangem Zuchthaus. In der Begründung sagte der Gerichtsvorsitzende: »Die Gier nach Geld, von den Erwachsenen vorexerziert und von vielerlei Reklame stimuliert, habe erschreckende Auswirkungen auf die Jugend. Die Plakatierung von Sex und Verbrechen in Schlagzeilen üben dann auf Menschen, die innerlich vor einem Nichts stehen einen verhängnisvollen Einfluss aus. Der Sinn des Prozesses gegen Peter Schwinzinger sei darum nicht nur in der Verurteilung des Angeklagten zu sehen, sondern auch als Aufruf an die Allgemeinheit aufzufassen.«

Das Blutbad am Schlachthof

Am Donnerstag, dem 29. September 1983, war es in der Einsatzzentrale der Polizeidirektion Augsburg relativ ruhig, doch genau um 23.38 Uhr, klingelte der Notrufapparat 110. Eine Frau teilte mit, dass seit 30 Minuten ein weißer Pkw-Kombi mit verdecktem Kennzeichen auf der Straße um den Schlachthof herumfährt. Die Anruferin war eine Prostituierte, die in der Gegend der Berliner Allee/Johannes-Haag-Straße am Schlachthof arbeitete. Der Beamte von der Einsatzzentrale erteilte der örtlich zuständigen Polizeiinspektion den Auftrag, die Angelegenheit zu prüfen. Das Funkgespräch hörten die Beamten Richter und Schuster, die beide zur Zivilen Einsatzgruppe der Polizei gehörten und gerade mit ihrem zivilen Dienstfahrzeug Marke Opel-Ascona ohne besonderen Auftrag die Gegend um die Berliner Allee befuhren. Polizeiobermeister Richter meldete sich über Funk bei der Zentrale und kündigte an, dass sich seine Streife an der Fahndung nach dem verdächtigen Fahrzeug beteiligen würde. Eine zweite Zivilstreife, besetzt mit Polizeiobermeister Zirpus und Polizeimeister Schlicht, gab ihre Position durch und schaltete sich ebenfalls in die Fahndung ein.

Eine Schießerei mit Folgen

Um 23.48 Uhr ging in der Polizeieinsatzzentrale ein dringender Notruf ein, Polizeiobermeister Zirpus schrie, dass auf ihn geschossen würde, und seine Kollegen bereits verletzt seien. Alle verfügbaren Funkstreifen wurden nun mit

Sondersignalen zum Einsatzort gesandt, ein Notarztwagen wurde angefordert. 23.55 Uhr traf die Mitteilung ein, dass es zu einer Schießerei mit den Insassen des verdächtigen Fahrzeugs gekommen war, und vier unbekannte Männer sowie zwei Polizeibeamte schwer verletzt worden waren. Weitere Rettungsfahrzeuge und ein zweiter Notarztwagen wurden zur Johannes-Haag-Straße beordert. Die Beamten des Kriminaldauerdienstes schalteten sich ein, und der Tatort wurde hermetisch abgeriegelt. Nachdem die verletzten Männer in das Zentralklinikum eingeliefert worden waren, begannen die kriminalpolizeilichen Ermittlungen. Eine Kommission mit Sachbearbeitern des Kommissariats 11 und Beamten des Erkennungsdienstes unter Leitung des Dezernatsleiters wurde tätig. Vom Landeskriminalamt wurden Schusswaffensachverständige angefordert, auch der diensthabende Oberstaatsanwalt erschien am Tatort. Um 0.30 Uhr übermittelte das Krankenhaus die Nachricht, dass einer der Zivilisten an den Folgen der Schussverletzungen gestorben war. Nur eine Viertelstunde später verstarb ein weiterer Verletzter. Polizeimeister Richter befand sich zu dieser Zeit mit einer lebensgefährlichen Wunde am Hals im Operationssaal. Sein Kollege und zwei unbekannte Männer lagen auf der Intensivstation.

Der Halter des Tatfahrzeugs war schnell ermittelt, es handelte sich um den seit vielen Jahren in Deutschland lebenden und als selbständigen Kaufmann tätigen italienischen Staatsangehörigen Cäsare Cantole. Als die Ermittler gegen 0.35 Uhr in dessen Wohnung vorsprachen, trafen sie dort nur seine deutsche Ehefrau an. Die Beamten erfuhren von Frau Cantole, dass ihr Ehemann, der gemeinsame 17-jährige Sohn Manfred und ihre anderen beiden Söhne Peter und Karl-Heinz gegen 22 Uhr mit dem Geschäftsauto weggefahren seien. Die Durchsuchung der Wohnung und der Geschäftsräume des Kaufmanns förderte Waffen und Munition zutage.

Teuer bezahlte Neugier

Nach zwölf Stunden intensivster Ermittlungsarbeit konnte der Ablauf der Ereignisse einigermaßen rekonstruiert werden. Was mit unvorstellbarer Brutalität kurz vor Mitternacht des 29. September 1983 mitten auf einer weitflächigen Straßeneinmündung in Augsburg passiert war, war weder ein Terroranschlag noch eine aus Sizilien nach Bayern verlagerte Mafia-Aktivität. Die Ursache für die sinnlose Schießerei lag im Rotlichtmilieu.

Am Abend vor dem verhängnisvollen Schusswechsel ging der 17-jährige Manfred Cantole mit zwei Freunden nach einem Stadtbummel zum Prostituiertenstandplatz an der Berliner Allee. Neugierig wollten die jungen Männer den Geschäftsablauf der Frauen beobachten. Zwei der Damen patrouillierten denn auch in auffälliger Weise auf dem Bürgersteig. Als sie merkten, dass es sich bei den Jugendlichen nicht um potentielle Kunden handelte, fingen sie zu schimpfen an: »Haut ab ihr Dreckskerle, wenn ihr schon nicht bumsen wollt!« Manfred Cantole und seine Freunde blieben noch eine Weile, zogen sich dann aber doch zurück. Nach einigen hundert Metern trennten sich ihre Wege, und Manfred ging allein nach Haus. Plötzlich hielt mit kreischenden Bremsen ein Pkw der Marke Scirocco neben ihm. Zwei Männer sprangen aus dem Auto und bedrängten den Spaziergänger. Es handelte sich offensichtlich um die Zuhälter der Prostituierten, die den harmlosen Beobachter nun ohne erkennbaren

Grund brutal niederschlugen und dann schnell davonfuhren. Der junge Mann schleppte sich mit blutenden Kopfverletzungen nach Hause, verband sich selbst notdürftig und ging zu Bett. Am nächsten Morgen bemerkten Vater und Mutter die Verletzungen ihres Sohnes und verlangten Auskunft. Nachdem Manfred von seinen nächtlichen Erlebnissen berichtet hatte, schickten seine Eltern ihn erst einmal zu einem Facharzt, damit er fachgerecht behandelt würde.

Ein verhängnisvoller Entschluss

Cäsare Cantole ärgerte sich über seinen Sohn, doch im Laufe des Tages verlagerte sich sein Zorn auf die Zuhälter. Er diskutierte über das rücksichtslose Vorgehen der Männer mit seinen beiden Stiefsöhnen. Den Vorschlag, zur Polizei zu gehen und die Sache zur Anzeige zu bringen, wies er mit den Worten, »Die können ja doch nichts machen«, zurück. Schließlich fassten der Kaufmann und seine Söhne den verhängnisvollen Entschluss, die Sache selbst in die Hand zu nehmen und auf eigene Rechnung Vergeltung zu üben.

Gegen 22 Uhr fuhren der Vater, sein Sohn Manfred und die beiden Stiefsöhne Peter und Karl-Heinz mit dem Firmenwagen, einem Ford-Taunus-Kombi, in Richtung Prostituiertenstandplatz. Um nicht gleich erkannt zu werden, verdeckten die Männer die Kennzeichen am Auto laienhaft mit Pappkartons, auf die sie eine Münchner Nummer geschrieben hatten. Ausgestattet mit einer großkalibrigen Pistole, entsprechender Munition, einer Schrotflinte mit 20 Patronen, sowie Wollmützen zur persönlichen Tarnung, fuhren die vier Männer in der Gegend um die Berliner Allee umher. Zwei dort ihrem Gewerbe nachgehende Frauen bemerkten bald das Fahrzeug und erkannten darin auch den am Vortag von ihren Zuhältern niedergeschlagenen Jugendlichen. Das verdeckte Kennzeichen am Auto bot ihnen den willkommenen Anlass, die Polizei einzuschalten. Ohne über die Vorgeschichte ein Wort zu verlieren, unterrichtete eine der Prostituierten von einer nahestehenden Telefonzelle aus die Einsatzzentrale der Polizei von dem verdächtigen Fahrzeug.

Ein folgenschwerer Irrtum

Cäsare Cantole und seine Söhne hatten sich mit ihrem Fahrzeug an der Einmündung der Proviantbachstraße in die Johannes-Haag-Straße postiert. Als sich im Zuge der ausgelösten Fahndung die Streife mit Polizeimeister Schuster und Polizeiobermeister Richter mit ihrem zivilen Dienstfahrzeug dieser Stelle näherte, waren die vier auf Rache sinnenden Männer der Meinung, die Zuhälter würden sich in dem Auto befinden und richteten sich deshalb auf einen sofortigen Kampf ein. Die Beamten der Zivilen Einsatzgruppe gewahrten das verdächtige Fahrzeug und gingen, da sie von der Vorgeschichte nichts wussten, arglos davon aus, ein Verkehrsvergehen sei der Anlass für ihre Benachrichtigung. Schuster, der am Steuer saß, hielt deshalb unmittelbar vor dem Wagen, um ihn an der Weiterfahrt zu hindern. Als sein Kollege gerade aussteigen wollte, um sich als Polizeibeamter zu erkennen zu geben, sprang ein Mann mit einer Schrotflinte auf ihn zu und schoss ohne Vorwarnung aus kürzester Entfernung.

Eskalation der Gewalt

Am Hals schwer verletzt sank Polizeiobermeister Richter auf dem Vordersitz des Streifenwagens zusammen. Der Unbekannte mit dem Gewehr eilte um das Fahrzeug herum, richtete nun von vorn seine doppelläufige Flinte zielgenau auf den Kopf des Fahrers und drückte, ohne auch nur eine Sekunde zu zögern, ab. Der Schuss durchschlug die Frontscheibe des Autos, Polizeimeister Schuster konnte sich gerade noch unter das Armaturenbrett retten. Trotzdem traf ihn ein Teil der Schrottladung im Schulter- und Rückenbereich, der andere Teil ging über ihn hinweg in die Rücklehne des Fahrersitzes. Drei andere Männer, die aus dem Wagen gestürmt waren, rissen die Fahrertür auf, zerrten den Zivilbeamten gewaltsam aus dem Auto und schlugen auf ihn ein. Der Mann mit der Schrotflinte sprang hinzu, setzte dem Beamten den Lauf seines Gewehres an die Brust und drückte ab, aber es machte nur »klick«. Er setzte die Schrotflinte erneut an, aber es war nur ein weiteres Klicken zu hören. Der Mann hatte in der Hast das Nachladen vergessen, blind vor Wut packte er nun die Flinte am Lauf und schlug sie dem Polizeimeister mehrmals mit dem Kolben auf den Kopf. In höchster Not riss der Beamte seine Pistole aus dem Hohlster, verhedderte sich zwar kurz, schoss aber zurück. Aus dem Täterfahrzeug krachte es nun ebenfalls, einer der Unbekannten feuerte mit einer 9-Millimeter-Beretta-Pistole. Dem Zivilbeamten gelang es schließlich, sich loszureißen und davonzulaufen.

Zwischenzeitlich war die zweite Streife am Ort des Geschehens eingetroffen. Die Beamten hörten die Schüsse und eilten zur Stelle. Auf dem Weg kam ihnen amoklaufend eine Gestalt entgegen. In der Annahme, dass es sich um einen Täter handelt, hielt der Fahrer. Beide Beamte sprangen aus dem Wagen, um den vermeintlich Flüchtenden festzunehmen. Im gleichen Moment blitzte aber von der Straßeneinmündung her Mündungsfeuer auf, die Polizisten suchten daher schnell hinter einer Litfasssäule Deckung. Der auf sie zulaufende Mann rief: »Helft mir! Die haben Helmut niedergeschossen! Ich habe keine Munition mehr.« Da erkannten die Polizisten, dass es ihr Kollege Schuster war, der in panischer Angst auf sie zurannte, und auf den sie beinahe geschossen hätten. Von den Autos her wurde weiter gefeuert, Polizeiobermeister Zirpus sprang zurück in den Streifenwagen und alarmierte über den Notruf die Polizeieinsatzzentrale. Dann ging er erneut in Deckung und erwiderte gemeinsam mit seinem Kollegen das Feuer. Abwechselnd riefen sie dabei aus Leibeskräften: »Polizei! Ergebt euch!« Doch die Unbekannten reagierten nur mit weiteren Schüssen. Auf einmal sprangen alle vier Täter in das Fahrzeug, der Motor heulte auf, das Auto machte einen Satz zurück und blieb wieder stehen. Abermals blitzte Mündungsfeuer auf, selbst als der Wagen von Polizeifahrzeugen mit Blaulicht und Sirenengeheul eingekreist wurde, schossen die Fremden weiter.

Dann trat gespenstische Stille ein, Polizeibeamte stürmten heran und zerrten die Schießwütigen aus dem Auto. Alles war blutverschmiert. Nur Sekunden später brausten die Rettungsfahrzeuge heran. Die Sanitäter mussten sechs Schwerverletzte, zwei Polizeibeamte und alle vier Männer aus der Familie Cantole, in die Notaufnahme bringen. Für die beiden Stiefsöhne des italienischen Kaufmanns kam jedoch jede Hilfe zu spät, sie verstarben kurz nach der Einlieferung im Krankenhaus an den Folgen ihrer schweren Verletzungen. Mit den Schrotkörnern, die Polizeiobermeister Richter aus unmittelbarer Nähe am Hals getroffen hatten, war auch ein halbdaumengroßer Plastikpfropfen aus der Patrone bis in die Speiseröhre eingedrungen und hatte eine lebensbedrohliche Verletzung verursacht. Polizeimeister Schuster, der bei der Schießerei eine Schrotladung in den Rücken bekommen hatte, kam am glimpflichsten mit einer Woche Krankenhausaufenthalt davon. Nicht einmal zehn Minuten hatte das sinnlose Gefecht gedauert. Zwei Tote und vier Schwerverletzte war die traurige Bilanz, und das alles aufgrund einer verhängnisvollen Verwechslung. Die von einer beispiellosen Brutalität gekennzeichnete Vorgehensweise des Cäsare Cantole und seiner drei Söhne konnte nicht anders als ein kaltblütiger Mordversuch gewertet werden, dabei musste außen vor bleiben, wem dieser Anschlag galt.

Das Urteil

Acht Monate nach der folgenschweren nächtlichen Schießerei beim Schachthof standen der 40-jährige Cäsare Cantole und sein 17 Jahre alter Sohn Manfred vor der Schwurgerichtskammer des Landgerichts Augsburg. Die Staatsanwaltschaft legte den beiden Angeklagten versuchten Totschlag zur Last. Nach zweitägiger Verhandlung verurteilten die Richter den italienischen Kaufmann wegen zweier Verbrechen des versuchten Totschlags zu einer Freiheitsstrafe von neun Jahren. Dem mitangeklagten Sohn Manfred konnte ein Tötungsvorsatz nicht nachgewiesen werden, er wurde wegen gefährlicher Körperverletzung verurteilt. Von einer Strafe sah das Gericht bei dem Jugendlichen ab, weil er durch die eigenen schweren Verletzungen bereits genug unter den Folgen der blutigen Schießerei gelitten hatte.

Keine Spur von Cornelia

Am Heiligen Abend 1982 wäre Cornelia Winter neun Jahre alt geworden und hätte die dritte Klasse der Schule besucht. Ihr Platz ist aber immer leer geblieben, alle Bemühungen der Behörden um den Schulbesuch des Mädchens verliefen erfolglos. Cornelia war nämlich schon seit mehr als fünf Jahren tot.

Trostlose Familienverhältnisse

Als Engelbert Winter die 19-jährige Marianne Mälzer am 17. September 1971 zur Frau nahm, stand der Bund fürs Leben schon unter einem schlechten Stern. Der 24 Jahre alte Bräutigam war erst vor wenigen Monaten aus der Strafhaft entlassen worden, die er wegen Diebstahls als Rückfalltäter verbüßt hatte. Die gutgläubige Marianne Mälzer heiratete ihn trotzdem, sie war bei der Eheschließung bereits im achten Monat schwanger. Der frischgebackene Ehemann, der eine Lehre als kaufmännischer Angestellter abgebrochen hatte und als Anwaltsgehilfe entlassen wurde, weil er sich mehrfach an der Kasse vergriff, galt als arbeitsscheu und gewalttätig. Während er sein ganzes Geld in den Gaststätten der Umgebung vertrank, bestritt die junge Mutter Marianne den Lebensunterhalt durch Putzarbeiten. Oft nahm der trunksüchtige Ehemann der leidgeprüften Frau auch noch das wenige verdiente Geld weg und finanzierte damit seine Zechtouren. Wenn die Frau aufbegehrte, schlug er sie. Schon ein Jahr nach der Trauung kam die zweite gemeinsame

Tochter zur Welt. Als Marianne ein Jahr darauf schon mit dem dritten Kind schwanger war, hielt es Engelbert Winter nicht mehr zu Hause. Er verließ seine Familie eines Tages und verschwand mit unbekanntem Aufenthalt. Auf seine Flucht nahm er noch die letzten zehn Mark seiner Frau mit. Die schwangere Marianne war nun vollkommen mittellos geworden. Da sie nicht einmal mehr Milch kaufen konnte, um ihre Kleinkinder zu ernähren, musste das Sozialamt einspringen.

Am Heiligen Abend 1973 kam das dritte Kind zur Welt. Engelbert Winter blieb weiter verschollen. Marianne gab ihrer dritten Tochter den Namen Cornelia und kehrte einen Tag nach der Geburt in die triste Wohnung zurück, weil sie niemanden hatte, der auf die Schwestern des Neugeborenen hätte aufpassen können. Das Sozialamt leitete unterdessen ein Strafverfahren wegen Unterhaltspflichtverletzung gegen Engelbert Winter ein. Nach Monaten tauchte der Verschwundene wieder bei seiner Ehefrau und den drei Kindern auf, doch geändert hatte er sich nicht. Er überhäufte seine Frau gleich mit Vorwürfen, weil sie nicht abgetrieben hatte. Als Engelbert Winter zu einer Geldstrafe verurteilt wurde und die damit verbundene Ersatzfreiheitsstrafe antreten sollte, weil er die Strafe nicht begleichen konnte, schuftete Marianne Winter so lange, bis sie das Geld zusammen hatte. Dann bezahlte sie für ihren Ehemann mit den Worten: »Den Kindern sollte erspart bleiben, dass es einmal heißt, ihr Vater ist eingesperrt gewesen.«

Schon nach einem weiteren Jahr kam das vierte Kind zur Welt. Als Marianne Winter zwei Jahre später mit dem fünften Kind schwanger war, wurde die Familie obdachlos. Der Vermieter hatte wegen erheblicher Mietrückstände und schlampiger Erledigung der Gemeinschaftshausarbeiten eine Räumungsklage betrieben. Die Stadtverwaltung wies die große Familie in das Obdachlosenheim ein, dort bewohnten die Winters vier spärlich möblierte Räume. Das vom Staat bezahlte Kindergeld, die Arbeitslosenfürsorge und die Sozialhilfegelder reichten kaum für den allernotwendigsten Lebensunterhalt aus. Die Schwangere musste wieder putzen gehen, um wenigstens ein paar Mark zum Leben beisteuern zu können. Im März 1977 kam das fünfte Kind zur Welt. Drei Mädchen, das älteste noch nicht einmal sechs Jahre alt, und zwei Jungen bevölkerten nun die trostlose Wohnung und hielten die erst 25 Jahre alte Mutter Tag und Nacht auf Trab, während der Vater oft nächtelang auf Sauftour unterwegs war.

Tragischer Tod eines kleinen Mädchens

Als Engelbert Winter im April 1977 gegen 2 Uhr nachts wieder einmal betrunken nach Hause kam, geschah etwas Ungeheuerliches. In seinem Rausch stolperte er in der Wohnküche über den am Boden stehenden Korb, in dem das wenige Wochen alte fünfte Kind der Familie schlief. Der Junge wurde wach und fing an zu schreien. Die neben dem Säugling auf einer Liege schlafende Mutter sprang auf und nahm das Kind an die Brust. Zwischen den Eheleuten entbrannte nun ein lautstarker Streit, durch den auch die im Zimmer nebenan schlafende dreijährige Cornelia erwachte und zu weinen begann. Die Mutter legte daraufhin den Säugling zurück in den Korb, ging ins Nebenzimmer, nahm das kleine Mädchen aus dem Bett und tröstete es. Doch das Kleinkind in der Küche war noch immer unruhig und schrie erneut. Marianne Winter setzte Cornelia auf den Teppichboden und kümmerte sich in der Küche wieder um das Baby. Als Cornelia nach der Mutter rief, und das Kinderweinen kein Ende mehr zu nehmen schien, fing der Vater an zu toben: »Du mit deinen verdammten Bälgern! Nur Kinder und Geschrei, das kann man ja nicht aushalten!«

»Du musst ja nicht zum Saufen geben«, schrie aufgeregt die leidgeprüfte Mutter, »kümmere dich endlich auch ein bisschen um die Kinder, dann schreien sie nicht. Es sind ja schließlich auch deine Kinder.«

»Du kannst ja nichts anderes als Kinderkriegen«, brüllte Engelbert Winter außer sich, »und du bist schuld, dass wir kein Geld haben.« Die durch den Zank der Eltern völlig verängstigte kleine Cornelia war nicht mehr zu beruhigen, sie weinte, schrie und rief immer wieder nach ihrer Mutter. Da packte der betrunkene Vater das Mädchen und schlug auf das Kind ein. Völlig entnervt zerrte er die Kleine in das Nebenzimmer und warf sie schließlich aus zwei Metern Entfernung in ihr Kinderbettchen. Das Mädchen wimmerte noch ein paar Mal, dann war es still. Es rührte sich auch nicht mehr, denn es hatte sich offensichtlich das Genick gebrochen. In dieser gespenstischen Ruhe schloss sich Engelbert Winter mit der toten Cornelia im Zimmer ein und ließ seine Frau nicht zu ihrem Kind.

Als sich gegen 5 Uhr morgens Marianne Winter zur Arbeit fertig machte und vor dem Weggehen noch nach Cornelia schauen wollte, versuchte Engelbert Winter vergeblich seine Frau davon abzuhalten. Schließlich sagte er tonlos: »Du, es ist was Furchtbares passiert.« Die junge Frau drängte ihren Mann beiseite, lief zu dem in einer Decke eingewickelten Kind, drückte den leblosen Körper an sich und hielt das tote Mädchen lange auf dem Boden sitzend und weinend in den Armen. Engelbert Winter ging nervös und fahrig im Zimmer auf und ab, bis er seine

Frau anherrschte: »Jetzt nimm endlich deine anderen Kinder, und geh gefälligst zur Arbeit!« Vollkommen ausgelaugt und unfähig, einen klaren Gedanken zu fassen, handelte Marianne Winter wie in Trance. Sie kleidete ihren zweijährigen Sohn und das vier Wochen alte Kleinkind an, setzte die beiden in den Kinderwagen und machte sich, wie an den anderen Tagen zuvor, auf den Weg zu ihrem Aushilfsjob in der Gaststätte »Fuchswirt«.

Als die Mutter mit ihren Kindern gegen Mittag heimkam, waren Engelbert Winter und die kleine Cornelia verschwunden. Nach seiner Rückkehr durfte auf Anordnung Winters nicht mehr über den Vorfall gesprochen werden. Alle persönlichen Dinge, die auf Cornelia hinwiesen, vernichtete er. Jedes Mal, wenn die Mutter nach dem Verbleib ihrer Tochter fragte, wurde Engelbert Winter richtig wütend. »Wenn du nicht das Maul hältst, schlag ich dich tot!« drohte er. Wenn die unglückliche Mutter um ihre verschwundene Tochter trauerte, höhnte ihr Mann sogar: »Vergiss das Kind. Ich kann dir ja wieder eins machen.« Die Ehe zwischen Marianne und Engelbert Winter war nach diesem Geschehen endgültig zerstört, trotzdem ging das Paar nicht auseinander. Im Gegenteil, die beiden setzten in der Folgezeit noch zwei weitere Kinder in die Welt, die sie allerdings gleich nach der Geburt zur Adoption freigaben.

Ein totes Kind lebt weiter

Von dem furchtbaren Geschehen um die kleine Cornelia erfuhr niemand etwas. Die Behörde zahlte weiter für das tote Mädchen Kindergeld und in den Unterstützungszahlungen der Sozialhilfestellen an die Familie wurde

Cornelia ebenfalls berücksichtigt. Brenzlig wurde die Sache erst drei Jahre später für Engelbert und Marianne Winter, als das nach amtlichen Unterlagen lebende Kind eingeschult werden sollte. Doch der Mann hatte seine Frau schon so sehr eingeschüchtert, dass die siebenfache Mutter alles tat, was er ihr vorschlug. So kamen die Eltern gemeinsam zur Schuleinschreibung und baten um Zurückstellung ihres Kindes, weil »es mit einer Hüftoperation im Krankenhaus« liege. Ohne ein ärztliches Attest zu verlangen oder sonstige Nachforschungen anzustellen wurde dieser Wunsch erfüllt. Cornelia wurde offiziell für ein Jahr vom Schulbesuch zurückgestellt. Als das Kind auch im September des darauf folgenden Jahres nicht zum Unterricht erschien, versuchte die Schule bei den Eltern erneut Aufschluss über den Verbleib der Kleinen zu bekommen. Engelbert Winter hatte für diesen Fall seine Ehefrau schon entsprechend präpariert. Marianne Winter erzählte, dass Cornelia die Folge eines Seitensprungs mit einem türkischen Gastarbeiter sei, und dass der leibliche Vater das Kind mit in die Türkei genommen habe.

Das staatliche Schulamt wurde eingeschaltet, als die Eltern das Kind nun abermals nicht vorstellen konnten und unterschiedliche Begründungen vorbrachten, leitete das Amt ein Bußgeldverfahren ein. Die Eltern akzeptierten die angemahnten 500 Mark und baten lediglich um Ratenzahlung. Weil dem Schulamt die Angelegenheit aber doch ominös vorkam, bat es schließlich die örtliche Polizeiinspektion schriftlich, den Aufenthalt des Kindes zu ermitteln. Der beauftragte Beamte berichtete umgehend, dass Cornelia bei ihrem Vater in der Türkei lebe. Doch die Schule, an der die Kleine hätte eingeschult werden sollen, gab sich damit nicht zufrieden. Daher befragte eine Lehrerin die damals zehnjährige Schwester von Cornelia, die eine 4. Klasse der Schule besuchte. Das Kind wusste überhaupt nichts von einer Schwester dieses Namens. Abermals und nun eindringlicher ersuchte das Schulamt daraufhin die zuständige Polizeidienststelle um Nachforschungen nach dem Verbleib des Kindes. Dort nahm man die Angelegenheit, die eigentlich gar keine Polizeisache war, jedoch eher auf die leichte Schulter. Ein Beamter fragte bei der Mutter nach und bekam wieder die Auskunft, dass sich Cornelia bei ihrem leiblichen Vater in der Türkei aufhalte. Damit gab sich der Beamte zufrieden, das Schulamt aber nicht. Es gab im März den ganzen Vorgang an das Jugendamt ab, das einen sozialen Beratungsdienst einschaltete.

Das Jugendamt wollte eine zwangsweise Abmeldung des Kindes beim Einwohnermeldeamt erreichen. Ein derartiger Verwaltungsakt, bei dem die Eltern den genauen Nachweis über den Verbleib ihres Kindes führen müssen, kann vom Vormundschaftsgericht und vom Jugendamt betrieben werden. Doch die Zwangsabmeldung scheiterte. Da alle beteiligten Stellen ein ungutes Gefühl bei der ganzen Sache empfanden, entschloss man sich Mitte Mai, bei der Kriminalpolizei eine Vermisstenanzeige zu erstatten. Die hartnäckigen Nachforschungen der Ermittler des Kommissariats 11 in Augsburg brachten schließlich die Geschichte Cornelias ans Tageslicht.

Ein Geheimnis wird gelüftet

Bei den ersten Vernehmungen blieben Engelbert und Marianne Winter dabei, dass Cornelia bei ihrem leiblichen Vater in der Türkei sei. Die näheren Angaben zur Person des türkischen Gastarbeiters erwiesen sich bei den polizeilichen Überprüfungen aber sehr bald als falsch. Den hartnäckigen und bohrenden Fragen der Kriminalbeamten hielt die Mutter letztendlich nicht stand. Sie gab schließlich an, dass Cornelia vor fünf Jahren verschwunden sei, und ihr Ehemann etwas damit zu tun haben müsse. »Ich durfte meinen Mann nicht fragen, denn dann wurde er wütend«, berichtete die leidende Frau. Engelbert Winter wurde festgenommen. Stundenlang blieb er bei seiner Version der Dinge, als er aber mit den Aussagen seiner Ehefrau konfrontiert wurde, räumte er ein: »Conny lag eines Tages tot im Bett, aber ich habe sie nicht umgebracht.« Da das kleine Mädchen Schlägen ausgesetzt gewesen war und blaue Flecke am ganzen Körper hatte, befürchtete Winter, man werde ihn für den Tod seines Kindes verantwortlich machen. Deshalb habe er den Tod des Kindes nicht gemeldet, sondern den Leichnam auf einer Kiesbank am Fluss außerhalb der Stadt vergraben. »Ich habe die Conny nicht töten oder verletzen wollen«, sagte der Vater aus, »aber sie hat so geschrieen und sollte doch endlich einmal ruhig sein. Deshalb habe ich ihr den Hintern verhauen und sie dann auf das Bett geschmissen. Endlich ist das Kind ruhig geworden. Aber dann habe ich gemerkt, dass die Conny nicht mehr geatmet hat, sie war tot. Es war ein Unglücksfall.«

Wo ist die Leiche?

Engelbert Winter führte die Kriminalbeamten zu einer durch Schwemmkies gebildeten Halbinsel im Lech außerhalb der Stadt und zeigte dort die Stelle, an der er seine tote Tochter verscharrt hatte. Da der Fluss an diesem Tag aber relativ viel Wasser führte, war die Kiesbank überflutet und nicht zugänglich. Eine Woche später ging das Wasser zurück. Die Kriminalbeamten organisierten inzwischen eine Suchaktion mit Grabungsarbeiten auf der Kiesbank. 30 junge Beamte der Bereitschaftspolizei begannen mit Schaufeln den größtenteils sandigen Boden bis zum Grundwasser auszuheben und umzugraben. Nach drei Tagen Arbeit behinderte Strauchwuchs die weitere Suche, es musste gerodet werden. Doch die Polizisten fanden nichts, daher wurde Engelbert Winter abermals von den Kriminalbeamten zur Halbinsel im Fluss geführt. Äußerlich unbeeindruckt versuchte der Mann erneut die Stelle zu bezeichnen, aber das Gelände hatte sich in den vergangenen fünf Jahren völlig verändert. Die damals gerade mannshohen Sträucher und Bäume waren mittlerweile bis über zehn Meter hoch gewachsen. Engelbert Winter wirkte verunsichert. Auch die nun eingesetzte kleine Laderampe brachte die Polizei nicht voran, nach acht Tagen gaben die Ermittlungsbeamten die Suche nach dem ungewöhnlichen Grab der kleinen Cornelia auf. Mehr als Tausend Quadratmeter Boden waren bis zu einer Tiefe von zwei Metern umgegraben worden, doch nirgendwo hatte sich auch nur die kleinste Spur von der Leiche gefunden.

Fachleute des Wasserwirtschaftsamts erklärten den resignierten Beamten, dass die Halbinsel im Fluss seit dem Tatgeschehen mindestens zweimal vom Hochwasser vollkommen überschwemmt worden war. Da Engelbert Winter angab, die Leiche nicht allzu tief vergraben zu haben, konnte angenommen werden, dass die Überreste der Toten bei einem Hochwasser weggespült wurden. Die Rechtsmediziner schlossen im Übrigen nicht aus, dass sich durch die Bewegung in der Kiesbank der Kindeskörper vollkommen aufgelöst hat. Nicht ganz abwegig war aber auch die Variante, dass der Täter den Leichnam an einer ganz anderen Stelle vergraben hatte. Die Leiche der kleinen Cornelia blieb letztendlich unauffindbar.

Das Gerichtsverfahren

Die Staatsanwaltschaft erhob gegen den in Untersuchungshaft sitzenden Engelbert Winter Anklage wegen eines Verbrechens des Totschlags und argumentierte, dass der Vater sein Kind in Tötungsabsicht misshandelt habe. Sechs Monate nachdem der Fall bekannt wurde, kam es vor der Schwurgerichtskammer des Landgerichts Augsburg zum Prozess. Der Angeklagte zeigte sich geständig, konnte aber den Tatablauf nicht mehr lückenlos darstellen. Dies versuchte als Hauptzeugin der Anklage seine Noch-Ehefrau Marianne, die von einem Anwalt unterstützt auch als Nebenklägerin auftrat. Das Schwurgericht verurteilte den Vater der kleinen Cornelia schließlich wegen Körperverletzung mit Todesfolge zu einer Freiheitsstrafe von sechs Jahren. Der Gerichtsgutachter hatte Engelbert Winter für die Tatzeit eine erhebliche Alkoholbeeinträchtigung von cirka 2,3 Promille attestiert. Das Verfahren wegen des betrügerischen Bezugs von 14.000 Mark Kindergeld wurde getrennt verhandelt. Der Vorsitzende Richter begründete die empfindliche Strafe für das »außergewöhnliche Rohheitsdelikt« damit, dass dadurch auch potentielle Täter abgeschreckt werden sollen.

»Irgendwann geht alles einmal schief«

Die 18 Jahre alte Anna Broderka aus einer Kleinstadt bei Würzburg begann im September 1979 eine Lehre als Gestalterin in der Keramikschule in Landshut und bezog ein kleines Appartement in dem der Schule angeschlossenen privaten Wohnheim. Schon nach wenigen Tagen befreundete sie sich mit der 17-jährigen Maria Oberhofer, die in Landshut zu Hause war und dieselbe Schule besuchte. Am ersten Oktoberwochenende beschlossen die beiden Mädchen, gemeinsam zu Annas Eltern nach Würzburg zu fahren. Die Schule war an jenem Freitag, dem 5. Oktober, bereits mittags zu Ende. Ein Mitschüler nahm die beiden mit seinem alten Volkswagen bis Augsburg mit, dort sollte sie der 21 Jahre alte Freund von Anna abholen, der bei der Bundeswehr in Kempten seinen Wehrdienst ableistete und zum Wochenende ebenfalls nach Würzburg fahren wollte. Doch der junge Soldat kam nicht. Nach einer Stunde des Wartens gingen die Mädchen Richtung Autobahn, um per Anhalter weiterzukommen.

Sie standen keine zehn Minuten an der Autobahneinfahrt Augsburg-West Richtung Ulm, als ein Landrover vor ihnen hielt. »Wo soll es denn hingehen?« fragte der Fahrer in schwäbischer Mundart. »Nach Würzburg müssen wir«, gab Maria zur Antwort und beugte sich etwas in das geöffnete Fenster. »Na, so weit fahre ich nicht, aber bis Ulm kann ich euch mitnehmen«, meinte ihr Gegenüber. ›Der Mann macht einen ganz vertrauenerweckenden Eindruck‹, dachte Anna und sagte dann, »Gut, fahren wir bis Ulm mit. Es wird dann schon irgendwie weitergehen.« Maria Oberhofer setzte sich vorn neben den Fahrer, Anna

Broderka nahm auf dem Rücksitz Platz. Während der Fahrt erzählte der Mann, er gehöre einer großen Organisation an, die sich mit wertvollen Transporten befasst, mit seinem Chef stehe er über Funk permanent in Verbindung. Als die Ausfahrt Ulm erreicht war, erklärte sich der Fahrer bereit, die Mädchen noch ein Stück Richtung Würzburg zu fahren. Anna und Maria freuten sich, dass ihre Reise per Anhalter so gut klappte. Anna registrierte im Vorbeifahren die Städte Heidenheim, Nördlingen und Dinkelsbühl. Nach einer längeren Baustelle gab der Mann plötzlich Gas und erhöhte das Tempo auf 140 Stundenkilometer. »Nach Crailsheim 10 Kilometer« las Anna auf einem Hinweisschild während der schnellen Fahrt auf der Landstraße.

Der gewaltsame Tod Marias

Auf einmal riss der Fahrer das Steuer seines Wagens nach rechts, bog mit quietschenden Reifen in einen unbefestigten Waldweg ein und hielt nach etwa 100 Metern in einem Waldstreifen. Zu Tode erschrocken schauten sich die Mädchen an. Der Mann zog schnell ein Messer und setzte es der neben ihm sitzenden Maria an die Brust. »Eine von euch zieht sich jetzt aus!« befahl er, dann wandte er sich Anna zu und schrie, »Du da hinten ziehst dich aus, oder ich erwürge die da.« Maria schlug wie wild um sich, und Anna zerrte von hinten an dem Mann, denn eine Möglichkeit zur Flucht aus dem Auto sahen sie nicht, Fenster- und Türgriffe waren abgeschraubt. Dann ließ der Mann doch von Maria ab und sagte: »Ich verbinde euch jetzt die Augen und lass euch dann laufen.« Maria richtete ihren Blick auf die keine 100 Meter weit entfernte Straße, durch die Bäume sah sie die Autos vorbeifahren, doch niemand bemerkte den Wagen in der Waldschneise. Verängstigt schaute sie ihre Freundin an und presste unter Tränen hervor: »Wir werden Sie bestimmt nicht anzeigen.«

»Lassen Sie uns doch einfach laufen«, schlug nun auch Anna vor. »Nein, auf das lass ich mich nicht ein. Die Augen müsst ihr euch schon verbinden lassen«, drohte ihr Peiniger und setzte Maria das Messer an den Hals. Die Mädchen stimmten schließlich wortlos zu. Der Mann nahm ihnen die Brillen ab und verband ihre Augen mit ihren eigenen Schals, danach fesselte er sie an den Händen. Anna gab er schließlich einen solchen Stoß, dass sie, wehrlos wie sie war, hinter den Vordersitzen zu Boden fiel. Mit einem Ruck riss er nun die durchgehende Lehne über das Mädchen, so dass es bewegungsunfähig gefangen war. Maria kauerte neben ihm und versuchte verzweifelt, das Fahrzeug zu verlassen, als er wie ein wildes Tier über sie herfiel. »Du blöde Kuh, meinst du, ich bin blöd? Jetzt wird gevögelt!« schrie er sie an. Er zerfetzte ihren Pullover und schlug Maria, die sich mit Leibeskräften wehrte, mit der Faust ins Gesicht, so dass sie benommen zurücktaumelte. Nun packte er sie am Hals und zog sie an sich, das Mädchen biss die Zähne zusammen und versuchte abermals, sich loszureißen. Nach einem weiteren heftigen Faustschlag spritzte ihr Blut aus Mund und Nase. Maria röchelte und spuckte einen abgebrochenen Schneidezahn aus. Der Mann griff erneut nach ihr und zerrte ihre Jeans und den Schlüpfer bis über die Knie. Dann erwischte er ihren Schal, der ihr von den Augen gerutscht war, schlang ihn um ihren Hals und zog zu. Marias Widerstandskraft erlahmte, sie röchelte nur noch schwach. Nachdem der Fremde Maria mit beiden Händen würgte, sackte sie leblos auf dem Fahrzeugboden zusammen.

Während des gesamten grausigen Vorgehens lag Anna im Fond des Wagens und hörte das ersterbende Atmen ihrer Freundin, ohne eingreifen zu können. Fast besinnungslos vor Angst dachte sie: ›Jetzt hat er Maria umgebracht. Nun komm ich dran.‹ Doch der Mann ließ den Motor seines Wagens wieder an, fuhr noch ein Stück auf dem Waldweg weiter, wendete dann und brauste schließlich auf der Landstraße Richtung Dinkelsbühl davon, die 17-jährige Maria lag regungslos neben seinen Beinen am Boden des Beifahrersitzes.

Vergraben und verscharrt

Endlos kam Anna die Fahrt vor, ihr stiegen Tränen in die Augen, doch sie war unfähig zu weinen. Fieberhaft überlegte sie, ›Wenn ich mich auch so wehre wie Maria, dann habe ich keine Chance. Ich muss mit ihm reden.‹ Plötzlich bog der Fahrer wieder von der befestigten Straße ab. Auf seinem Weg entlang der Bundesstraße 2 in der Gegend von Esslingen hatte er beschlossen, sich der Toten zu entledigen. Anna begriff anhand der Unebenheit des Geländes, dass der Mann wieder in einen Waldweg gefahren war. Nach cirka 500 Metern hielt der Wagen bei einer wildbewachsenen Sandgrube, an deren Rändern sich vermodertes Stroh türmte. Der Mann stieg aus und vergewisserte sich, dass niemand in der Nähe war, dann zerrte er die leblose Maria aus dem Fahrzeug und rollte sie hinunter in die Grube. Nach cirka zehn Metern verfing sich der Körper im Gestrüpp. Der Mann kletterte den Abhang hinunter und versuchte, die Leiche weiter in die Tiefe zu schieben, doch es gelang ihm nicht, zu sehr war die Tote in Ästen und Wurzeln eingeklemmt. Daher warf der Mörder Zweige und dünne Baumstämme auf den Leichnam, bis er sich an den Strohhaufen am Rande der Sandgrube erinnerte. Er holte einen Spaten aus dem Kofferraum und schaufelte das verfaulte Stroh auf den Körper. Die 18-jährige Anna hörte die Geräusche und erkannte, dass der Mann ihre Freundin aus dem Wagen geschleppt hatte. Durch die geöffnete Tür zog Waldluft in das Innere des Autos, auch den Geruch von verfaultem Stroh nahmt Anna wahr. ›Ob da wohl ein Bach in der Nähe ist‹, überlegte sie noch, als der Fremde zum Wagen zurückkehrte. Er schob die Rückenlehne der hinteren Sitze hoch, befreite Anna aus ihrem Gefängnis und entfernte den Knebel aus ihrem Mund. Ängstlich fragte die 18-Jährige: »Was ist mit Maria?«

»Die ist ausgestiegen«, brummte der Mann, »Die ist tot, die wirst du vergessen müssen, hat nicht gespurt. Wenn du nicht tust, was ich will, dann geht es dir genauso. Jetzt fahren wir weiter, setz dich vorn rein!« Der Mann schubste das Mädchen auf den Beifahrersitz, warf ihm eine Decke über den Kopf, startete das Auto und fuhr zurück zur Bundesstraße Richtung Donauwörth.

Geschunden und versteckt

Auf der Fahrt sprach er davon, dass er im Auftrag der Mafia arbeite und eröffnete dem verängstigen Mädchen, dass er ihm Heroin spritzen werde, und es als Prostituierte arbeiten müsse. Nach einer halben Stunde hielt der Mann abermals in einer Waldschneise. Er zog seinem Opfer die Decke vom Kopf, zerrte es aus dem Auto, löste seine Handfesseln und stieß es zu Boden. »So, jetzt bist du dran, zieh dich aus, sonst bringe ich dich genauso um wie die andere. Wenn du dich nicht ausziehst, erschieße ich dich!« Der Mann riss Anna Hose und Schlüpfer vom Körper, warf sich erregt auf sie und schlug sie mit den Fäusten, während er sie vergewaltigte. Anna ertrug völlig apathisch die ihr zugefügten Qualen, unerträglich langsam schienen die wenigen Minuten zu vergehen. »Siehst du, wenn du dich fügst, passiert dir gar nichts«, spottete der Fremde, als er endlich von ihr abließ. Während die 18-Jährige sich vor Schmerzen am ganzen Körper kaum noch rühren konnte, befahl der Mann, »Steh auf und zieh dich wieder an!« Nachdem sich Anna aufgerichtet und ihre Bekleidung geordnet hatte, fesselte der Fremde sie wieder an den Händen und nötigte sie zurück ins Auto. Er fuhr zurück auf die Bundesstraße Richtung Augsburg. Anna nahm jetzt all ihren Mut zusammen und versuchte ein Gespräch mit ihrem Peiniger. »Was denken Sie sich überhaupt dabei, mit einer Frau zu verkehren, die das gar nicht will? Wie können Sie jemanden einfach umbringen?«

»Ach was«, antwortete der Mann, »ich bekomme sowieso Schwierigkeiten, wenn ich nur eine abliefere.«

»Wissen Sie überhaupt, was Sie gemacht haben?« begann Anna erneut. »Irgendwann geht alles einmal schief«, entgegnete der Fahrer nur, während er das Tempo wieder gefährlich erhöhte. »Ich bring dich jetzt in ein Versteck, dort wirst du heute Nacht allein sein. Morgen wirst du Türken kennen lernen ... Du wirst für mich auf den Strich gehen, ich werde dir Heroin spritzen, dann erträgst du alles leichter.« ›Ich muss aus dem Fahrzeug springen‹, überlegte Anna, ›am besten, wenn wir durch eine Ortschaft fahren.‹ Jedoch lag wieder die Decke über ihrem Kopf, so dass ihr jegliche Orientierung fehlte, sie tastete mit den gefesselten Händen vorsichtig die Innenseite der Tür ab, doch aufgrund der vermutlich abmontierten

Griffe gab es kein Entrinnen. Am Fuße eines bewaldeten Hügels hielt der Fahrer wieder, unterdessen dämmerte es. Der Mann schob Anna vor sich her in den Wald, auch Marias Tasche und Annas Beutel hatte er mitgenommen. Auf einem Maisfeld kam Anna ins Rutschen und stürzte hin, unwirsch riss ihr Peiniger sie wieder hoch. Als sie auf eine Anhöhe gelangten, forderte der Mann das Mädchen auf, in das rechter Hand liegende Dickicht zu laufen. Um Zeit zu gewinnen, bat Anna rauchen zu dürfen. Der Mann löste ihr die Fesseln und gab ihr Zigaretten und Feuerzeug. Anna Broderka versuchte sich zu orientieren, doch nirgendwo war Rettung in Sicht, überall brach die Dunkelheit herein. Der Mann drängte sie nun auf einen Pfad, der ins Dickicht führte. Dornen zerkratzten der 18-Jährigen das Gesicht, abgelenkt stolperte sie erneut und fiel. Nachdem der Fremde sein Opfer wieder aufgerichtet hatte, schob er es vor einen großen Betonbrocken.

Im Schein einer Taschenlampe brachte er das zitternde Mädchen zu einer Felsspalte, die in ein riesiges gesprengtes Bunkerareal führte, offensichtlich kannte sich der Mann in dieser Gegend hervorragend aus. Er stieß Anna durch die Öffnung und zwängte sich selbst hinterher. Modriger Geruch schlug den beiden aus dem gespenstischen Inneren der Höhle entgegen, in der überall Schutt herumlag. Im Lichtkegel der Taschenlampe waren verrostete Drahtstücke und aufgeplatzte Betonwände erkennbar, in der Nähe einer winzigen Deckenöffnung sah Anna Abfall, Flaschen und Kleidungsstücke. »Hock dich hin«, befahl der Mann und nahm dem Mädchen die Handfesseln ab. ›Er wird mich doch nicht noch einmal missbrauchen?‹ hoffte die 18-Jährige inständig. Doch wortlos wühlte der Fremde eine Kordel aus der Hosentasche und band ihre Hände auf dem Rücken zusammen. Danach zog er die Schnur bis zu Annas Hals hoch, um den er sie schließlich schlang. Schließlich befestigte er das Ende der Kordel an einer rostigen, aus dem Beton herausragenden Stahlarmierung. Das bedeutete, bei einer Bewegung der Hände schnürte sich Anna selbst den Hals zu, bewegte sie den Kopf nach vorn, erhängte sie sich.

Nun zog der Mann dem Mädchen noch die Schuhe aus, entnahm die Schnürsenkel und fesselte die Füße seines Opfers. Mit einem Schal band er die Beine an einem Stahlstumpf fest. Am Ende knebelte er Anna noch mit einem Tuch und verklebte ihr ganzes Gesicht mit Heftpflastern. Dann verließ er schweigend den Bunker, nahm die Taschen seiner Opfer mit und versteckte sie in einer Nische außerhalb der Höhle. Anna Broderka hörte noch wie er die Einstiegsöffnung des Bunkers mit einem alten, verrosteten Bettgestell verstellte, das wohl in der Nähe lag. Dann wälzte er Betonbrocken darauf und schmiss Gestrüpp darüber. Der Fremde verließ nun hastig das Gelände, eilte zu seinem Auto und raste davon. Er merkte nicht, dass seine halsbrecherische Fahrt auf dem Forstweg beobachtet wurde, zwei Wachmännern des nahe liegenden Bundeswehrdepots fiel der Wagen und die riskante Fahrweise auf.

Allein in einer Höhle

Gefesselt hockte Anna auf dem scharfkantigen Gestein und zitterte vor Kälte. Tausend Gedanken wirbelten ihr durch den Kopf. Die Schreckensbilder der letzten Stunden, der Todeskampf ihrer Freundin und ihre eigenen Qualen rollten wie Filmfetzen an ihrem geistigen Auge vorbei. ›Ich muss hier raus, unbedingt raus, der kommt wieder, und dann fällt er erneut über mich her. Ich bin die einzige Zeugin der grauenvollen Tat an Maria. Wenn ich nicht rauskomme aus dieser Höhle, werde ich sterben, genau wie sie‹, überlegte Anna panisch. Wieder sah sie das Gesicht ihres Peinigers vor sich, dieses schmächtigen Mannes mit dem irren Blick und dem hämisch verzogenen Mund unter dem Schnauzbart. Dann hörte sie wieder das Röcheln ihrer Freundin, ihre Schreie, das Wimmern und überdeutlich die Schläge. Eine unglaubliche Angst befiel Anna und verlieh ihr ungeahnte Kräfte. Mit einem scharfkantigen Stein, den sie am Boden ertastete, versuchte sie, die Fesseln an ihren Handgelenken durchzuscheuern. Eine Ewigkeit dauerte es, immer wieder drückte die Kordel am Hals ihr die Kehle zu, wenn sie sich zu ungestüm bewegte, und raubte ihr den Atem. Doch schließlich lockerte sich die Fessel, und Anna Broderka zog unter äußerster Anstrengung eine Hand aus der Schlinge. Schnell entfernte sie die Heftpflaster vom Gesicht und riss sich den Knebel aus dem Mund. Nachdem sie wieder durchatmen konnte, gelang es ihr, sich auch von den Fußfesseln zu befreien. In dem dunklen Verlies stolperte Anna nun über Steinbrocken und Unrat. Nirgendwo fand sie einen Ausgang, doch als sie ihren Blick nach oben richtete, sah sie durch die kleine Öffnung das fahle Licht des inzwischen aufgegangenen Mondes schimmern. Anna kletterte über Schutt und Müll zu dem Loch und erreichte mit ausgestreckten Armen gerade die untere Kante der Öffnung. Mit letzter Kraft zog sie sich hoch, doch die Spalte in der Betondecke war eng, ihre Hose blieb an einem herausragenden Eisenstück hängen. Anna zerrte so lange, bis der Stoff nachgab, und sie sich durch das Loch zwängen konnte. Dann sah sie sich um, sie bemerkte eine Nische in dem verwitterten Beton, in der unter frisch abgebrochenen Ästen die Taschen lagen. Ihre Schuhe fand sie nicht, so entschloss sie sich barfuß loszulaufen. Dann griff sie die Handtaschen und rannte durch das dichte Waldgestrüpp, bis sie schließlich auf einen Feldweg neben einer Fichtenschonung gelangte. Bergab hetzte Anna weiter, immer die Angst im Nacken, die Scheinwerfer des Autos ihres Peinigers könnten jeden Moment hinter ihr auftauchen.

Endlich kam Anna auf eine Lichtung, aus der Ferne sah sie schon den hellen Schein der Straßenlaternen. Sie rannte wie von Sinnen, bis sie vor dem ersten Haus am Rande des Dorfes Strohberg stand. Mit letzter Kraft drükkte Anna die Türklingel, dann sank sie auf der Schwelle zusammen. Elisabeth Osberg öffnete die Tür und sah das völlig verstörte Mädchen liegen, es trug keine Schuhe, Hose und Pullover waren zerrissen und verdreckt. Frau Osberg legte Anna Broderka auf ihr Sofa im Wohnzimmer, nach einigen Minuten beklemmenden Schweigens begann die 18-Jährige hemmungslos zu schluchzen. Frau Osberg reichte ihr ein Glas Wasser, aus dem Anna mit zitternden Händen gierig trank. Dann stammelte das Mädchen mit Tränen in den Augen: »Wir sind per Anhalter gefahren. Der Mann hat meine Freundin Maria umgebracht und mich vergewaltigt ... Der hat mich dann in eine Höhle eingesperrt und gefesselt. Ich kann nicht mehr. Helft mir bitte!« Herr Osberg wählte den Notruf.

Die Polizei zweifelt

Die Beamten der Polizeidirektion Augsburg waren am Freitag, dem 5. Oktober 1979, unablässig im Einsatz, sie rückten zu einer Schlägerei im Asylantenlager und einem

Verkehrsunfall mit zwei Toten aus. Zudem berichtete der Kriminaldauerdienst, dass zwei junge Männer mit zehn Päckchen Heroin festgenommen wurden, und der Dienstgruppenleiter der Inspektion Hausen meldete einen Einbruch in eine Großhandelsfirma. In der Einsatzzentrale stand um 21.30 Uhr kaum das Telefon still, als ein weiterer Notruf einging: »Hier Osberg aus Strohberg. Bei uns hat sich soeben eine junge Frau eingefunden, die ist ganz verstört. Ihre Bekleidung ist zerrissen und verschmutzt. Sie erzählt, dass sie vergewaltigt worden ist, ihre Freundin soll umgebracht worden sein, auch von einem Bunker spricht sie. Wir werden nicht ganz klug aus dem Mädchen. Kann da jemand kommen?« Während der Einsatzleiter sich noch nach näheren Einzelheiten erkundigte und die Adresse des Anrufers notierte, beauftragte der Funksprecher bereits die zuständige Polizeiinspektion Zusmarshausen, sich der Angelegenheit anzunehmen. Zwei Streifenwagen trafen fast gleichzeitig in Strohberg ein. Die Beamten ließen sich in groben Umrissen das Geschehen von Anna Broderka berichten, die immer wieder von Weinkrämpfen geschüttelt wurde. Eines stand für sie bald fest, das Mädchen musste schreckliche Stunden hinter sich haben. Die Frage nach dem Verbleib von Annas Freundin blieb ungeklärt, da die junge Frau keine näheren Angaben machen konnte, sie sagte nur immer wieder: »Ich weiß es nicht ... Ich weiß es nicht, aber er hat sie doch verscharrt.«

Zuerst baten die Ermittler einen praktischen Arzt in die Inspektion Zusmarshausen zu kommen. Da die Polizisten wussten, dass sich nördlich von Hegerthal, im so genannten »Lerchenberg«, Ruinen einer im letzten Krieg betriebenen, unterirdisch angelegten und später gesprengten Pulverfabrik befanden, fuhren sie auf dem Weg zur

Dienststelle einen Umweg über den Lerchenberg. In der Finsternis konnte das Mädchen aber keine näheren Anhaltspunkte zum Bunkergelände machen, jedoch wurden prophylaktisch alle Zufahrtsmöglichkeiten zum Gelände abgesperrt. Als der Streifenwagen gegen 22 Uhr mit Anna Broderka in der Polizeiinspektion eintraf, wurde das Mädchen zunächst vom herbeigerufenen Arzt beruhigt. Nach einer weiteren halben Stunde erreichten auch Kriminalhauptmeister Felber und sein Kollege Hauser, beide im Nachtdienst, die Dienststelle. Anna Broderka erzählte nun präziser und berichtete ihre Erlebnisse der letzten Stunden. ›So viel Grauenvolles auf einmal innerhalb weniger Stunden kann doch gar nicht passieren‹, dachte Hauptmeister Felber bei sich und zeigte sich sehr skeptisch ob der Schilderungen der jungen Frau, doch diese erzählte nun so klar und folgerichtig, dass ihm schnell der Wahrheitsgehalt ihrer Aussagen aufging. Die äußeren Umstände und die vielen Details, die in der Befragung zur Sprache kamen, überzeugten die Kriminalbeamten schließlich.

Großeinsatz

Die Beamten der Einsatzzentrale informierten den Chef der Ermittlungen, der noch von zu Hause aus anordnete: »Rufen Sie die Mordkommission zu einem Soforteinsatz auf, das Mädchen muss schnellstmöglich fachärztlich untersucht werden, und wir brauchen unverzüglich Kräfte für eine Suchaktion. Ich komme selbst zur Zentrale und übernehme die Gesamtleitung.« Als Kriminalrat Waiden durch die leeren Straßen zur Polizeidirektion fuhr, achtete er nicht auf die Geschwindigkeitsbegrenzungen, zu viel

Arbeit stand an. Zuerst mussten die Personalien der beiden Mädchen festgestellt und die örtlichen Polizeidienststellen in Würzburg und Landshut verständigt werden, dann wurde die Mordkommission der Kriminalpolizeiinspektion aufgerufen und das Mobile Einsatzkommando der Polizeidirektion alarmiert. Vorsorglich bat der Chef der Ermittlungen auch um Personalunterstützung der übrigen Polizeiinspektionen im Schutzbereich. Erst dann ließ sich Kriminalrat Waiden telefonisch von Hauptmeister Felber den aktuellen Stand der Ermittlungen berichten. »Wie schaut es aus, Herr Kollege? Gibt es neue Erkenntnisse?«

»Ich weiß nicht, was ich von der ganzen Sache halten soll, das Mädchen macht einen recht glaubwürdigen Eindruck. Auf der anderen Seite ist es schon sehr ungewöhnlich, was es da erzählt«, meinte Felber. »Da hilft nichts, wir müssen die Angelegenheit ernst nehmen. In erster Linie geht es jetzt darum, die Freundin zu finden. Die kann ja noch am Leben sein und irgendwo hilflos liegen. Kann das Mädchen den gar keine Anhaltspunkte geben, wo wir suchen könnten?« fragte Kriminalrat Waiden. »Das ist schwierig, Anna ist erstmals in unserer Gegend. Sie kennt sich nicht aus. Nach den bisherigen Erkenntnissen muss sich alles zwischen Augsburg und Ulm abgespielt haben. Der Mann ist nach den Schilderungen des Mädchens nur auf Landstraßen gefahren. Die Zeugin bringt aber auch immer wieder die Ortschaft Crailsheim ins Gespräch, die liegt aber ziemlich weit nördlich im Württembergischen«, schilderte Felber seine Erkenntnisse. »Und der Bunker? Besteht die Möglichkeit, dass die Freundin noch in dem Bunkergelände ist?« erkundigte sich der leitende Kriminalbeamte. »Die Kollegen der Schutzpolizei haben bisher den Bunker nicht gefunden. Nur das Gelände ist in etwa eingrenzbar, in dem sich die Ruine befinden muss. In der Nacht haben wir wenig Aussicht, die Höhle zu finden«, erklärte der Hauptmeister.

Das Mobile Einsatzkommando wurde mit der Observation des Waldgeländes und der Zufahrtswege bei Hegerthal beauftragt, auch Suchkräfte mit Polizeihunden beteiligten sich. Die ersten Fahndungsmeldungen gingen über Fernschreiber an alle Polizeistationen, und die Dienststellen an den Heimatorten der beiden Mädchen wurden um besondere Hilfe ersucht. Die Koordinierungsstelle im Innenministerium Bayern erhielt einen ersten Bericht, um die Bereitstellung eines Polizeihubschraubers am nächsten Morgen zu ermöglichen. Nach einer fachärztlichen Untersuchung beschrieb Anna Broderka ihren Peiniger und dessen Fahrzeug so genau, dass die Beamten sich nur wundern konnten ob ihrer phänomenalen Beobachtungsgabe. Gegen 3 Uhr trafen Annas Eltern in Begleitung von Klaus Fischer, ihrem Freund, in Augsburg ein, und vernahmen bestürzt, was geschehen war. »Ich habe anderthalb Stunden in der Kaserne auf die Aushändigung eines Zeugnisses warten müssen, deshalb bin ich zu spät zum vereinbarten Treffpunkt gekommen«, schilderte Fischer, der sich schreckliche Vorwürfe machte. »Mein Gott, es wäre gar nichts passiert, wenn ich gleich hätte wegfahren können«, seufzte er nur.

Ein Tatverdächtiger

Polizeiobermeister Kilian von der Polizeiinspektion Zusmarshausen, der seit Jahren im gleichen örtlichen Bereich Dienst verrichtete, meldete sich beim Chef der Ermittlungen. »Ich habe die Beschreibung des Tatverdächtigen und des Autos mitgehört. In unserem Bereich kenne ich einen Mann, auf den die Beschreibung hundertprozentig zutrifft. Der fährt sei einigen Monaten auch so ein auffälliges Auto, einen Landrover, ich glaube es ist ein Chevrolet-Blazer. Der Mann ist Autohändler in Hausenberg, Emil Wolfmann heißt er.« Die Zulassungsstelle bestätigte umgehend, dass Wolfmann einen Personenkraftwagen der Marke Chevrolet-Blazer besaß. Bei dem Versuch Emil Wolfmann unter einem Vorwand anzurufen wurde festgestellt, dass der Tatverdächtige offensichtlich nicht zu Hause war, jedoch beobachteten einige Beamte nun seine Wohnung in Hausenberg. Die laufende Fahndung wurde um die Person Emil Wolfmann erweitert. Im Morgengrauen berichteten die observierenden Polizisten, dass der Autohändler sich doch zu Hause aufhielt und gerade begann, seinen im Hof abgestellten Wagen zu reinigen. Kriminalrat Waiden entschloss sich, den Mann vorläufig festnehmen zu lassen.

Die Höhle im Lerchenberg

Unterdessen war der Polizeihubschrauber in Augsburg eingetroffen. Anna Broderka, die sich nur ein paar Stunden ausruhen konnte, stand ab 6 Uhr wieder als Zeugin zur Verfügung. Der leitende Ermittler flog mit ihr zum Lerchenberg, an dem sich die junge Frau nun, bei Tag, sofort wieder zurechtfand. Sie führte die Beamten an dem Maisfeld entlang zum Waldrand und dort auf einen Pfad in das Unterholz. Nach einigen hundert Metern tauchten die ersten großen Betonbrocken des gesprengten Bunkers auf. In einer Nische fanden sich Bekleidungsstücke der beiden Mädchen. Etwa 30 Meter weiter wies Anna Broderka auf einen Felsspalt, der mit Gerümpel verstellt war. »Durch dieses Loch habe ich in die Höhle einsteigen müssen.« Die Beamten räumten den Müll weg, bis einer von ihnen sich mit großen Anstrengungen durch die Öffnung zwängen konnte und in die modrige Höhle gelangte. Der Erkennungsdienst wurde hinzugezogen und begann mit der Spurensuche.

Die Beamten erhielten den Auftrag, das ganze Waldgelände abzusuchen. »Mir geht es in erster Linie um das Auffinden des zweiten Mädchens. Es könnte ja noch am Leben und ähnlich wie Anna gefesselt irgendwo versteckt sein«, äußerte Kriminalrat Waiden, der immer noch einen Funken Hoffnung hatte Maria Oberhofer lebendig zu finden. Anna hatte ihre Freundin schließlich nicht tot gesehen und schloss lediglich aus den Umständen, dass sie getötet und irgendwo verscharrt worden war. Doch außer weggeworfenem teilweise schon verfaultem Unrat bargen die Sucher nichts.

Indizien

Der leitende Beamte und seine Mitarbeiter flogen mit Anna Broderka nach Hausenberg zum Wohnanwesen des Tatverdächtigen, um ihr das Auto des Festgenommenen zu zeigen. Mit hundertprozentiger Sicherheit erkannte sie das Fahrzeug wieder. »Da liegen ja sogar noch meine Handschuhe drin«, rief sie erschrocken. Die Kriminalbeamten durchsuchten nun das Gelände und fanden im Hof eine Geldbörse mit dem Personalausweis von Maria Oberhofer. Später wurden in den Fellbezügen der Vordersitze des Wagens auch zwei ausgeschlagene Vorderzähne entdeckt, die eindeutig Maria zugeordnet werden konnten.

Kriminalhauptkommissar Günthner und sein Kollege Hautkommissar Lutz begannen in der Zwischenzeit die Vernehmung Wolfmanns, den sie auf der Polizeiinspektion Zusmarshausen sofort mit dem Verschwinden zweier Anhalterinnen konfrontierten. Absichtlich wurde der Verdächtige im Unklaren darüber gelassen, dass sich Anna Broderka in der Obhut der Polizei befand. Emil Wolfmann wies alle Vorwürfe von sich: »Ich habe mit dem Verschwinden von zwei Mädchen nichts zu tun. Die Polizei hat mir schon einmal so eine Sache anhängen wollen, an der nichts dran war. Da können sie sich auf den Kopf stellen, ich habe ein sauberes Gewissen.« Auch als Hautkommissar Günthner darauf hinwies, dass es in erster Linie darum ginge, die möglicherweise noch lebende Maria zu finden, blieb Wolfmann eiskalt: »Ich bin unschuldig. Ein Mädchen namens Maria kenne ich nicht.« Nach ein paar Minuten erklärte der Festgenommene kaltschnäuzig: »Ich sag jetzt gar nichts mehr. Ich will sofort einen Anwalt sprechen.« Hauptkommissar Lutz legte dem Mann ein Verzeichnis der Rechtsanwälte des Bezirks vor, und Wolfmann wählte einen von ihnen aus. Die Kanzlei Gruber erklärte am Telefon, dass ihr Anwalt derzeit nicht erreichbar sei. Daraufhin suchte sich Emil Wolfmann einen anderen Rechtsanwalt aus, der sich sofort bereit erklärte zu kommen.

Kriminalrat Waiden und Anna Broderka trafen zwischenzeitlich ebenfalls in der Polizeiinspektion Zusmarshausen ein. Die Mitarbeiter berichteten ihm, dass der Tatverdächtige hartnäckig leugnete und alle Beschuldigungen von sich wies. Als sie ihr weiteres Vorgehen berieten, entschlossen sie sich, den Tatverdächtigen unmittelbar mit Anna Broderka zu konfrontieren. Vorsichtig fragten sie die Zeugin, ob sie zu einer Gegenüberstellung bereit wäre. Anna willigte sofort ein. Trotz der Ankündigung ihn mit der Zeugin zusammenzuführen blieb der Tatverdächtige unterkühlt: »Das können sie schon machen, ich habe nichts zu befürchten.« Anna Broderka wurde zum Vernehmungszimmer geführt, durch die einen Spalt breit geöffnete Tür vernahm sie schon auf dem Flur die Stimme des Tatverdächtigen. »Ja, das ist er, ich erkenne ihn eindeutig an der Stimme«, rief sie erregt, noch bevor sie den Mann gesehen hatte. Im Vernehmungszimmer schrie sie Wolfmann an: »Ja freilich! Sie sind es! Geben Sie es doch zu!« Dieser erschrak merklich, als er das Mädchen sah, fasste sich jedoch schnell wieder und sagte eine Spur zu laut: »Was will denn die Frau? Ich kenne sie nicht. Ich habe mit ihr nichts zu tun.« Dann wendete er sich schnell ab und schwieg. Anna brach im Gang völlig in sich zusammen und schrie außer sich vor Wut: »Das gibt es doch gar nicht, der ist es, und er streitet einfach alles ab.« Das Mädchen schluchzte und weinte, bis sich ein älterer Beamter seiner annahm und es beruhigte. Kriminalrat Waiden und seine Mitarbeiter versuchten erneut, den Festgenommenen zu einer Aussage zu bringen, doch Wolfmann blieb stur. »Wir werden alle Kräfte und Mittel einsetzen, um das verschwundene Mädchen zu finden. Das kann ich Ihnen versichern«, sagte der leitende Ermittler aufgewühlt, als er das Vernehmungszimmer verließ.

Die Suche nach Maria

Wenige Minuten später startete der Hubschrauber mit Anna Broderka, Kriminalrat Waiden und Kriminalhauptkommissar Falb an Bord Richtung Norden. Die Beamten wollten mit Hilfe des Opfers den Ort finden, an dem der

Täter erstmals gegenüber den Mädchen gewalttätig geworden war, und der nach Annas Schilderung in der Nähe von Crailsheim in Baden-Württemberg liegen musste. Über Funk wurden die Kollegen vor Ort von der beabsichtigten Suchaktion informiert und um Unterstützung gebeten. Das Wetter war klar und gewährleistete eine ausgezeichnete Sicht. Die Fluggäste schwiegen, während aus dem Funkgerät immer wieder der allgemeine Funkverkehr der Polizei ertönte. Der Pilot meldete sich jeweils bei der örtlichen Feststation an, mit einem zweiten Gerät wurde die Verbindung zur Einsatzzentrale in Augsburg gehalten. Am Sportplatz in Crailsheim landete der Hubschrauber. Zwei Polizeifahrzeuge erwarteten die Insassen bereits. Nach einer kurzen Fahrt durch die Kleinstadt gelangten die Augsburger Beamten zur Polizeistation. Während Anna von einer Beamtin betreut wurde, versuchten die Ermittler gemeinsam mit Kollegen von der Schutzpolizei die mögliche Fahrtroute des Täters und das Waldstück, in dem die folgenschwere Tat begangen worden war, einzugrenzen. Hinzugezogene Verkehrspolizisten schilderten, dass auf der Straße zwischen Dinkelsbühl und Crailsheim eine Baustelle war, wie Anna sie beschrieben hatte. Zudem grenzte auch ein schmaler Waldstreifen an diese Straße. »Gut, wir fliegen mit Anna diese Strecke ab. Vielleicht kann sie uns aus der Luft Einzelheiten zeigen«, legte Kriminalrat Waiden fest und schloss die Besprechung mit der Bitte an den örtlichen Einsatzleiter, zwei Polizeifahrzeuge auf diese Straße zu entsenden, die mit dem Hubschrauber Kontakt halten sollten.

Nach nur wenigen Flugminuten deutete Anna Broderka auf einen Mischwald unmittelbar nördlich dieser Strecke und rief: »Da unten, da ist es. Da hat der Mann sein Auto angehalten und uns gefesselt.« Der Hubschrauber landete auf freiem Feld, und die beiden Einsatzwagen hielten direkt am Waldstreifen. Die Kriminalbeamten begleiteten Anna zu einem unbefestigten Weg, auf dem sie nach nur etwa 100 Metern abrupt stehen blieb und bestimmt sagte: »Hier war es.« Reifenabdrücke eines Autos waren auf dem Boden erkennbar, das Profil deutlich eingeprägt. Kriminalrat Waiden nahm seine Crailsheimer Kollegen beiseite und flüsterte: »Wenn die Maria Oberhofer tot ist, dann haben wir hier den Tatort für den Mord.« Sie vereinbarten, die Spuren schnellstens zu sichern. Waiden wollte unterdessen die Strecke abfliegen, die der Täter am Vortag wahrscheinlich genommen hatte. Zurück im Hubschrauber veranlasste er den Piloten, auf 2.000 Meter Höhe zu gehen, um per Funk mit Augsburg Kontakt aufzunehmen. Von der Einsatzzentrale wurde ihm berichtet, dass bei der Suche nach dem zweiten Opfer besonders ein cirka 300 Meter breiter Streifen westlich der Bundesstraße zwischen Dinkelsbühl und Nördlingen zu berücksichtigen sei. »Die Kollegen müssen bei den Ermittlungen weitergekommen sein«, stellte der leitende Ermittler fest und verlangte eine unmittelbare Verbindung zu seinen Mitarbeitern.

Ein Teilgeständnis

Kriminalhauptkommissar Günthner und sein Kollege Lutz mühten sich weiterhin im Vernehmungszimmer der Polizeiinspektion Zusmarshausen mit dem Tatverdächtigen ins Gespräch zu kommen. Doch Emil Wolfmann erklärte nur immer wieder knapp, mit den Vorkommnissen nichts zu tun zu haben. Günthner gab jedoch nicht auf und begann erneut: »Wir gehen davon aus, dass das zweite Mädchen noch zu retten ist. Sagen Sie uns doch, wo wir das Mädchen finden können!« Aber Wolfmann entgegnete: »Ich kann Ihnen nicht helfen. Sie nehmen ja doch das Schlimmste an ... Wenn ich Ihnen helfen könnte, würde ich es doch tun.« Schließlich gab er nur noch zu Protokoll: »Es ist zwecklos zu diskutieren, ohne Anwalt geht nichts mehr.«

Aber gegen 11 Uhr brach Emil Wolfmann doch sein Schweigen: »Ein Mädchen habe ich kurz vor Crailsheim gewürgt, da ist nichts mehr zu retten gewesen. Es liegt an einem Waldrand in der Nähe von Nördlingen, ich will die Stelle zeigen.« Der eingetroffene Rechtsanwalt besprach mit Hauptkommissar Günthner die genauen Fakten. Nach einem weiteren Gespräch von etwa 20 Minuten mit seinem Mandanten zeigte sich Emil Wolfmann kooperativ. Hauptkommissar Lutz unterrichtete unterdessen den zuständigen Staatsanwalt von den aktuellen Ermittlungen. Dann starteten die Beamten der Mordkommission mit zwei Fahrzeugen, um Marias Leiche zu bergen. Der tatverdächtige Emil Wolfmann saß gefesselt und bewacht im Fond des einen Wagens. Günthner sprach ihn erneut an: »Was ist passiert, Herr Wolfmann? So sagen Sie uns doch endlich Genaueres!« Doch Wolfmann reagierte nur noch weinerlich: »Ich weiß nicht, ich wollte was von dem Mädchen, und die hat sich gewehrt. Ich weiß nicht, mehr weiß ich nicht.«

Die Leiche wird gefunden

Kriminalrat Waiden bekam im Hubschrauber eine Funkschaltung zu seinem ersten Sachbearbeiter. »Was ist los, können Sie mir nähere Einzelheiten durchgeben?« fragte der leitende Ermittler. »Das Mädchen muss in einem Waldstück westlich der Bundesstraße 25 zwischen Nördlingen und Dinkelsbühl gesucht werden. Der Festgenommene hat sich bereit erklärt, bei der Suche mitzuwirken. Wir sind auf der Fahrt Richtung Nördlingen und laufen von Süden her die angrenzenden Waldstreifen ab«, berichtete Hauptkommissar Günthner. »Gut, wir werden mit dem Hubschrauber von Dinkelsbühl aus suchen«, beendete Waiden das Gespräch. Der Pilot hatte mitgehört und flog nun alle kleineren Waldstücke, Kiesgruben, Schuttplätze und Bodensenken bis auf wenige Meter über dem Boden an, dazu stellte er den Hubschrauber etwas schräg und ließ ihn auf der Stelle rotieren. Aus der Kanzel konnte er so jede Auffälligkeit erkennen, selbst Gegenstände von der Größe einer Streichholzschachtel hätte er wahrnehmen können. Mehr als zehn Örtlichkeiten hatten sie bereits abgesucht, als sich der Bordwart meldete, der Treibstoff ging zu Ende, sie mussten dringend auftanken. Der Pilot flog den Flugplatz Augsburg-Mühlhausen an und erbat einen Beamten, der Anna Broderka, die immer noch im Hubschrauber saß, übernehmen und zu ihren Eltern bringen sollte. Den Anblick ihrer toten Freundin wollte ihr der Kriminalrat unbedingt ersparen. Als sie sich schon wieder in der Luft befanden, traf um 13.30 Uhr von Hauptkommissar Günthner die Mitteilung ein, dass sie die Örtlichkeit gefunden hätten.

Cirka 300 Meter westlich der Bundesstraße in der Nähe der Ortschaft Esslingen lag die mit Bäumen und Büschen wild bewachsene Sandgrube, die Emil Wolfmann als die Stelle bezeichnete, an dem er Maria Oberhofer versteckt hatte. Der Hubschrauber landete in unmittelbarer Nähe, die Polizeiautos mit dem Tatverdächtigen fuhren auf dem vorbeiführenden Feldweg direkt heran. Wolfmann weigerte sich, aus dem Auto zu steigen und den Liegeort genau zu zeigen. Zusammengesunken saß er in einer Ecke und stützte seinen Kopf in beide Hände. Die herbeigerufenen Fachleute des polizeilichen Erkennungsdienstes begannen mit der Arbeit. Erst wurde alles genau vermessen und fotografiert, dann trugen die Männer die Strohschicht und die Äste ab. Die Leiche des jungen Mädchens kam bald zum Vorschein, sie war völlig zerschunden. Der Kopf hing schräg nach unten in dem Gestrüpp etwa zehn Meter unterhalb des Grubenrandes. Die ganze Partie um Kopf und Schultern war bläulich angelaufen, der Hals wies ausgeprägte Würgemale auf. Der Pullover war zerrissen, Jeans und Schlüpfer hingen über den Knöcheln, Marias Hände waren noch immer auf dem Rücken zusammengebunden. Die Beamten schwiegen betroffen, so bald würden sie den Anblick des jungen Mädchens nicht vergessen können. Nachdem der Erkennungsdienst die Spurensicherung beendet hatte, wurde die Tote mit einem unterdessen eingetroffenen Leichenwagen in das gerichtsmedizinische Institut transportiert.

Die Beamten der Mordkommission fuhren mit Emil Wolfmann zurück zur Dienststelle. Kriminalrat Waiden bestieg den Hubschrauber und ließ sich zur Polizeidirektion Augsburg bringen. Dort erwarteten ihn seine übrigen Mitarbeiter und einige Medienvertreter, die von dem besonderen Polizeieinsatz erfahren hatten. Gemeinsam mit dem Staatsanwalt trat der Chef der Kriminalpolizei vor die Presse, gab den Ablauf der grauenvollen Taten bekannt und bestätigte die Festnahme eines Verdächtigen.

Das Fazit eines 20-Stunden-Einsatzes

»Wir haben es offensichtlich mit einem Mord an der Maria Oberhofer, mit Vergewaltigung von Anna Broderka, mit schwerer Freiheitsberaubung, Körperverletzung und Nötigung begangen durch ein und denselben Mann zu tun«, fasste Kriminalrat Waiden die Tatbestände in der anschließenden Besprechung zusammen und fuhr dann fort: »Nach meiner Auffassung muss das Vorgehen des Täters in dem Bunkergelände als versuchter Mord an Anna Broderka gewertet werden. Der Mann hat doch billigend in Kauf genommen, dass Anna in den raffiniert angelegten Fesseln im Bunkerverlies zu Tode kommt. Was haben wir nun alles, was gegen den Festgenommenen spricht? Können wir ihm die Taten gerichtsverwertbar nachweisen?« fragte der Ermittler in die Runde. Hauptkommissar Günthner entgegnete: »Die Zeugin Anna Broderka hat den Täter genau beschrieben und ihn bei der Gegenüberstellung mit Sicherheit wiedererkannt. Sie hat das Fahrzeug des Mannes noch gestern Nacht in allen Einzelheiten geschildert, alle von ihr besonders hervorgehobenen Merkmale treffen auf den Chevrolet-Blazer zu. Im Wohnanwesen Wolfmanns haben wir die Geldbörse und den Personalausweis der toten Maria Oberhofer gefunden. Die Reifenprofile vom Fahrzeug Wolfmanns stimmen mit den gesicherten Profilabdrücken in der Nähe des Bunkergeländes und am ersten Tatort in dem Waldstück bei Crailsheim überein. Der Erkennungsdienst hat in dem Fellbezug der Vordersitze des Chevrolets zwei abgebrochene Schneidezähne gefunden. Es sind mit Sicherheit die Zähne, die im Gebiss der toten Maria Oberhofer fehlen.« Günthner führte weiter aus: »Das äußere Erscheinungsbild der Anna Broderka bei ihrem Aufgreifen und das Ergebnis der ärztlichen Untersuchungen lassen keinen Zweifel an den behaupteten Misshandlungen aufkommen. Das Wichtigste aber ist: Der Festgenommene hat uns zu dem Versteck der Leiche von Maria Oberhofer geführt; an den Ort, den sonst niemand wissen konnte, niemand außer dem Täter.«

Kriminalrat Waiden schloss damit die Besprechung. Seine Mitarbeiter protokollierten nun die Vernehmungen, schrieben die Haftanzeige und führten den Festgenommenen dem Haftrichter vor. Auf Hauptkommissar Günthner wartete noch die bedrückende Aufgabe, die aus Landshut eingetroffenen Eltern von Maria zur Identifizierung der Toten zu begleiten. Der Beamte bereitete sie mit ruhigen und mitfühlenden Worten auf diese Notwendigkeit vor und brachte sie dann in die Leichenhalle. Völlig apathisch, als hätten sie das Geschehene noch längst nicht realisiert, standen die Eheleute vor dem offenen Plastiksarg und nickten nur. Es war bereits 18 Uhr, als Kriminalrat Waiden und seine Mitarbeiter schweigsam nach Hause gingen, 20 Stunden angespannter Ermittlungstätigkeit lagen hinter ihnen.

In Untersuchungshaft

Am nächsten Tag legte Emil Wolfmann ein Teilgeständnis vor dem Haftrichter beim Amtsgericht Augsburg ab, konnte sich aber angeblich an nichts mehr genau erinnern. Der Richter erließ einen Haftbefehl, der Tatverdächtige wurde in die Justizvollzugsanstalt Karmelitergasse als Untersuchungshäftling eingeliefert. Dort versuchte Wolfmann sich mit einer Rasierklinge die Pulsadern aufzuschneiden. Sein Selbstmordversuch war allerdings halbherzig, er wurde gerettet und in die psychiatrische Abteilung der Justizvollzugsanstalt Straubing verlegt. Dort verfasste der Autohändler einen Brief, in dem er schrieb: »Gott hat dem Mädchen das Leben gegeben, und ich hab es ihr genommen. Ich will nicht länger leben.« In der Nervenklinik Günzburg fertigte der medizinische Direktor Dr. Vogel ein Gutachten über die Psyche des Mannes an, der in seinem Heimatort als stiller, zurückgezogen lebender Mann, in den Nachbarorten aber als überheblicher Angeber geschildert wurde, der mit seinem amerikanischen Geländewagen vorfuhr und in den Gastwirtschaften Lokalrunden ausgab. Dr. Vogel bescheinigte, dass Emil Wolfmann im strafrechtlichen Sinne voll für die Taten verantwortlich sei. Der Verteidiger beantragte daraufhin ein Zusatzgutachten durch den Leiter der psychiatrischen Abteilung der Justizvollzugsanstalt München-Stadelheim, der seiner Meinung nach »als erfahrenster Gutachter für Triebtäter im süddeutschen Raum« gelte.

Der Prozess

Ein halbes Jahr nach den schrecklichen Taten kam es in der Osterwoche 1980 vor der Schwurgerichtskammer des Landgerichts Augsburg zum Prozess gegen Emil Wolfmann. Die Verhandlung war für vier Tage angesetzt. Mord, Vergewaltigung und Freiheitsberaubung warf die Anklage dem 36-jährigen Autohändler vor. 16 Zeugen und neun Sachverständige waren geladen, um dazu Stellung zu nehmen. Wolfmann schilderte zu Beginn mit monotoner Stimme aus seiner Sicht die Ereignisse an jenem Freitag, dem 5. Oktober 1979. Auf den Zuschauerbänken wurde ein erstes, unwilliges Raunen laut, als der Autohändler seine menschliche Seite betonte. Er wollte die Mädchen zwar schon früher aussteigen lassen, habe sich dann aber wegen des regnerischen Wetters entschlossen, die beiden noch eine Strecke weiterzufahren. Kurz vor Crailsheim habe er auf einem Seitenweg angehalten. Die neben ihm sitzende Maria habe ihn gereizt, weil sie ihre Hose mehr als gewöhnlich geöffnet hatte, gab er an. »Da hab ich ihr an die Brust gelangt. Das Mädchen hat zu diesem Zeitpunkt nichts gesagt oder abgewehrt, aber als ich ihr weiter unten hinfassen wollte, lehnte sie mich ab ... Irgendwann nahm ich das Messer und sagte, sie solle sich ausziehen, doch sie fing an zu weinen. Zu diesem Zeitpunkt ist mir klar geworden, dass ich etwas Unrechtes gemacht habe. Mir kam die Idee, den Mädchen die Augen zu verbinden und ohne sie zu verschwinden ... Da muss Maria durchgedreht sein, sie fiel regelrecht über mich her und schrie. Ich wehrte mich. Es gab eine Rauferei im Auto. Ich erwischte ein Stück Stoff, drehte es rum, auf einmal rührte sie sich nicht mehr. Ich wollte sie hochheben, doch sie fiel wieder zurück. Dann stellte ich fest, dass das Mädchen tot war.«

Der Angeklagte fuhr fort und erzählte, wie er mit der Toten unter dem Beifahrersitz und der gefesselten Anna zu jener Müllkippe gefahren war, wo er die Tote verscharrt hatte. Anna habe ihn gebeten, die Handfesseln zu lösen. Zwischen Wertingen und Lauterbach sei er daher in einen Feldweg abgebogen, hielt an und lockerte ihre Fesseln. »Das Mädchen hat sich plötzlich aufgerichtet und mir einen Kuss gegeben. Ich weiß nicht, warum es das getan hat. Irgendetwas muss es sich davon versprochen haben.« Die Hauptzeugin Anna Broderka wird diesen Vorgang am Nachmittag des ersten Verhandlungstages genau umgekehrt schildern. Mit einer Pistole habe er gedroht, sie umzubringen, wenn sie nicht gefügig sei. Wolfmann habe verlangt, dass sie ihn küsse. Nach ihrer Ablehnung hob er einfach ihren Kopf hoch und nahm sich, was sie ihm verwehrte. Anna Broderka schilderte im Folgenden ihre Vergewaltigung und ihre Gefangenschaft in der Bunkerhöhle. Warum er das Mädchen gefesselt in einem Bunker im Landkreis Dillingen versteckt habe, fragte der Gerichtsvorsitzende den Angeklagten: »Ich konnte es ja schlecht mit nach Hause nehmen«, antwortete der kalt, dann fügte er hinzu: »Herr Vorsitzender, ich fühle mich nicht ganz unschuldig am Tod von Maria.«

Im Anschluss leuchteten Psychologen, Nervenärzte und Gerichtsmediziner die Hintergründe der Taten aus. Psyche, Sozialstruktur und kriminelle Energie standen im wissenschaftlichen Widerstreit. Ein in anderen ähnlichen Verfahren auftretender Sexologe war nicht geladen. Der Staatsanwalt forderte in seinem Plädoyer eine lebenslängliche Freiheitsstrafe für die als Mord zu wertende Tötung von Maria Oberhofer sowie Einzelstrafen von je sieben Jahren für die Vergewaltigung und Freiheitsberaubung von Anna Broderka. »Der Angeklagte hat ein hohes Maß an Schuld auf sich geladen. Es grenzt an Perversität, dass der Angeklagte nach dem Mord sein anderes Opfer im Raum Wertingen auch noch vergewaltigt hat.« Auf die Folgen für die Eltern der getöteten Maria Oberhofer wies der Nebenkläger hin: »Das Kind wurde einen Tag vor seinem Geburtstag beerdigt. Die Eltern können heute nur noch mit Medikamenten leben.«

»Dies war nicht die Tat eines Wahnsinnigen, sondern die Wahnsinnstat eines Normalen«, meinte der Anwalt unter Hinweis auf das Gutachten des Psychiaters Dr. Vogel, der von dem Angeklagten das Bild eines völlig normalen Menschen gezeichnet hatte. Der Verteidiger argumentierte dagegen, dass der Tod von Maria Oberhofer nicht als Mord gewertet werden könne. Hier liege Körperverletzung mit Todesfolge, fahrlässige Tötung oder allenfalls Totschlag vor. Der Anwalt betonte, dass nach seiner Ansicht bei der Tatschilderung von dem Geständnis des Angeklagten ausgegangen werden müsse. Weil er sonst nichts Entlastendes für seinen Mandanten vorbringen konnte, zog er einfach die Glaubwürdigkeit des Opfers in Zweifel. Auf irgendeine Weise erfuhr er, dass Anna Broderka nach der Tat in einem Exklusivvertrag mit einer Illustrierten ein Honorar erhalten hatte, das sie bei der Beantragung des Armenrechtes verschwieg. Er vermutete, dass sich »durch das Interview mit einer Illustrierten manches vermischt« habe. Dass das Opfer weit vor dieser Begebenheit bei der Polizei detailgetreu und in allen Einzelheiten ausgesagt hatte, und die Aussagen im Prozess davon in keiner Weise abwichen, fand in seiner Argumentation keine Berücksichtigung. Anna Broderka, die bis dahin äußerlich ruhig die Plädoyers verfolgt hatte, sprang bei diesen Äußerungen auf und verließ weinend den Sitzungssaal. Im Flur kümmerten sich ihre Angehörigen um sie. Anna erschien auch nicht mehr zur Urteilsverkündung.

Das Urteil

»Lebenslänglich«, lautete das Urteil der Schwurgerichtskammer des Landgerichts Augsburg am vierten Verhandlungstag. Nach Feststellung der Richter hatte der Angeklagte vorsätzlich und aus Wut über die Gegenwehr seines Opfers am 5. Oktober 1979 bei Crailsheim die 17-jährige Maria Oberhofer »zweifellos grausam« stranguliert.

Die Vergewaltigung von Anna Broderka nach dem Mord ahndete das Gericht mit vier Jahren Freiheitsentzug. Für die »brutale Fesselung« des Mädchens in einem Bunker verhängten die Richter zwei Jahre Haft wegen Freiheitsberaubung. Der nun Verurteilte nahm den Richterspruch ohne äußere Erregung entgegen. Sein Verteidiger kündigte Revision an, die der Bundesgerichtshof später unbegründet verwarf.

Einige Nachbemerkungen

Das Gericht ahndete die raffinierte Fesselung lediglich mit zwei Jahren Freiheitsentzug. Wer jedoch, wie die Kriminalbeamten, die Tat unmittelbar rekonstruierte, musste unbedingt davon ausgehen, dass der Täter vorsätzlich die Fesseln so angelegt hatte, dass das Opfer sich bei dem geringsten Befreiungsversuch oder auch nur einer unvorsichtigen Bewegung selbst erdrosselt. Wolfmann richtete sein Vorgehen zielgerichtet, also vorsätzlich, auf Tötung aus. Wäre es Anna Broderka nicht gelungen, sich zu befreien, wäre sie elendig umgekommen und in der Höhle, wenn überhaupt, erst nach Monaten oder Jahren als Leiche gefunden worden.

Ein Zweites ist zu bemerken: Das Gesetz erlaubt den Richtern beim Urteil auf eine »besondere Schwere der Schuld« zu erkennen. In einem solchen Fall wird der Strafvollzug nicht, wie sonst üblich, nach 15 Jahren vorzeitig auf Bewährung ausgesetzt. Zweifelsohne lud Emil Wolfmann durch seine brutalen Taten eine »besondere Schwere der Schuld« auf sich, verschärfend wirkte sich seine Strafe trotzdem nicht aus. Der Mann befand sich nach 15 Jahren wieder auf freiem Fuß.

Drittens sollte erwähnt werden, dass der Verteidiger das Opfer durch seine unschöne Argumentation an Ansehen und Glaubwürdigkeit verlieren ließ. Die Taten seines Mandanten fanden breites Medienecho, auf Anraten der Kriminalbeamten ließ sich Anna Broderka von einer interessierten Illustrierten für ihre Bereitwilligkeit zur Schilderung der abscheulichen Taten bezahlen. Die Aktivitäten des Anwalts führten auch dazu, dass dem Opfer das für den Prozess zugesagte Armenrecht widerrufen wurde, und Anna die Kosten selbst tragen musste. Schließlich soll nicht verschwiegen werden, dass als der Angeklagte abgeführt wurde, empörte Menschen: »Aufhängen«, »du Sauhund«, und »Dreckskerl« riefen. Menschen, die ihrer Empörung auf diese Weise Luft machten, müssen es wohl auch gewesen sein, die dem Rechtsbeistand des Angeklagten üble Briefe ins Haus schickten. Schreiben wie, »So einen kann man doch nicht verteidigen«, gehörten da noch zur milderen Sorte.

Mitten ins Herz getroffen

Der 51-jährige Konstrukteur Kurt Bergtaler lebte nach einer gescheiterten Beziehung, die wegen seiner Gewalttätigkeiten in die Brüche gegangen war, seit 1966 mit seiner zweiten Ehefrau Maria in einem kleinen Haus in dem Dorf Langweid bei Augsburg. Nach fünf Jahren als Single hatte er die um acht Jahre jüngere Maria geheiratet. Die neue Ehefrau brachte auch ihre Vorliebe für Schusswaffen mit in den Bund fürs Leben, um auch legal in deren Besitz zu gelangen, meldete Frau Bergtaler 1973 bei der Kreisverwaltungsbehörde Augsburg ein Bewachungsgewerbe an. Zunächst war dieses Gewerbe auf Werttransporte beschränkt, wurde aber bald formell auf die gewerbsmäßige Bewachung von Eigentum fremder Personen und Firmen sowie zum Schutz von Personen und deren Eigentum erweitert. Die zuständige Behörde hatte die Erlaubnis aufgrund der Tatsache gewährt, dass »der Antragsteller die erforderliche Zuverlässigkeit besitzt und die erforderlichen Mittel und Sicherheiten nachweisen kann«. Als logische Folge wurde auch den Anträgen auf Erteilung von Waffenscheinen und der Genehmigung zum Erwerb von Munition stattgegeben. Die Kreisverwaltungsbehörde sah keinerlei Gründe dafür, diese Anträge abzulehnen. Im Laufe der Zeit legte sich das Ehepaar Bergtaler ein ganzes Arsenal von Schusswaffen und Munition zu. In der Waffenbesitzkarte der Ehefrau waren schließlich sieben verschiedene Pistolen der Marken »Walther«, »Smith & Wesson 38 Spezial« und ein Gewehr eingetragen. Kurt Bergtaler hatte die Erlaubnis zum Besitz von acht Pistolen und Revolvern der unterschiedlichsten Marken und eines Repetiergewehrs. Darüber hinaus bekam der Mann auch noch die Erlaubnis zum Führen von drei Pistolen der Kaliber 7,65 bis 9 Millimeter und eines Revolvers der Marke »Smith & Wesson 38 Spezial«.

Die Frage, ob das Ehepaar Bergtaler tatsächlich Aufträge zur Überwachung von Personen und Objekten entgegennahm, oder ob es das Gewerbe nur zur Tarnung angemeldet hatte, wurde nie ernsthaft geprüft. Es wurde auch nicht geklärt, ob die große Anzahl von Faustfeuerwaffen zur Ausübung eines Bewachungsgewerbes durch nur zwei Personen überhaupt erforderlich war. »Wir können ja niemanden zur Ausübung eines Berufes zwingen«, tat später der zuständige Vertreter der Behörde diese Frage ab.

Der Beginn einer Tragödie

Das Ehepaar Bergtaler lebte in seinem kleinen Haus am Dorfrand recht zurückgezogen. Es hatte sich einen Bernhardiner zugelegt, der im Erdgeschoss des Hauses lebte, während die Bergtalers die Mansardenwohnung bewohnten. Nach vielen gemeinsamen Jahren endete die Ehe am Abend des 8. Juli 1977 völlig abrupt, als man Maria Bergtaler tot in der Garage neben dem kleinen Haus fand. Die Frau hatte Auspuffgase vom Auto eingeatmet und sich damit selbst vergiftet. Wirtschaftliche Schwierigkeiten vermutete man als Motiv für die Verzweiflungstat. Kurt Bergtaler wusste zwar offensichtlich mehr, offenbarte sich aber nicht. Nur sechs Tage nach dem Tod seiner Frau sprach er bei der Behörde vor und ließ sich in seine Waffenbesitzkarte auch die von seiner Ehefrau ererbten Waffen eintragen. Seine Liebe und seine ganze Aufmerksamkeit galten nun scheinbar nur noch seinem Hund. Doch nach weiteren vier Wochen erschoss Kurt Bergtaler das Tier in seinem Haus.

Dem kriminalpolizeilichen Sachbearbeiter des Selbsttötungsfalls Maria Bergtaler blieb nicht verborgen, dass im Hause Bergtaler eine Menge Waffen vorhanden waren. Eine Überprüfung erbrachte das Ergebnis, dass die Eheleute dieses Arsenal mit behördlicher Erlaubnis angelegt hatten. Da der Kriminalbeamte bei seinen Ermittlungen jedoch erhebliche Zweifel bekam, dass Kurt Bergtaler die erforderliche Zuverlässigkeit für den Besitz und das Führen von Waffen besaß, berichtete er seine Beobachtungen der Kreisverwaltungsbehörde. Doch mehr als drei Monate lang geschah gar nichts. Anfang November ging bei der Kriminalpolizei die ernst zu nehmende vertrauliche Mitteilung ein, dass Kurt Bergtaler seinen Selbstmord angekündigt und gedroht habe, dass er vorher noch seinen Nachbarn erschießen wolle, weil er diesen für den Tod seiner Ehefrau verantwortlich mache. Diesmal reagierte die Behörde, nach fünf Tagen erließ das Landratsamt einen Beschluss, in dem »die Erlaubnis zur Ausübung der tatsächlichen Gewalt über die im Besitz von Kurt Bergtaler befindlichen Schusswaffen, die Erlaubnis zum Führen von Schusswaffen und zum Erwerb von Munition widerrufen« wurde. Gleichzeitig wurde die Sicherstellung der Schusswaffen und der Munition angeordnet und die sofortige Vollziehung des Bescheides verfügt. Kurt Bergtaler erfuhr von dieser Maßnahme der Behörde zunächst nichts.

Ein gewöhnliches Amtshilfeersuchen

Zwei Tage später am Freitag, dem 11. November 1977, machte sich Verwaltungsoberinspektor Gregor vom Landratsamt Augsburg auf, um dem Konstrukteur in Langweid den Bescheid persönlich zu überbringen und die Waffen sicherzustellen. Da nach den bisherigen Erkenntnissen zu befürchten war, dass der Betroffene mit der behördlichen Maßnahme nicht einverstanden sein und die Waffen nicht freiwillig herausgeben würde, erbat sich der Verwaltungsbeamte Amtshilfe bei der Kriminalpolizei Augsburg. Dort nahm man die Sache sehr ernst, Kriminalhauptkommissar Günther, Kriminaloberkommissar Graf und der Sachbearbeiter des Falls der Frau Bergtaler, Kriminalhauptmeister Wolf, begleiteten deshalb den Abgesandten der Behörde zur Wohnung Bergtaler. Ein Streifenwagen der uniformierten Polizei wurde in die Nähe beordert.

Gegen 9 Uhr trafen die Beamten in Langweid ein, als sich nach mehrmaligem Läuten niemand im Haus rührte, ging Hauptmeister Wolf zur Giebelseite, um dort nach Herrn Bergtaler zu sehen. Nach einigen Minuten öffnete der Hauseigentümer die Fensterläden des Schlafzimmers in der Mansarde. »Herr Bergtaler, Sie kennen mich doch«, rief der Kriminalbeamte hinauf, »kommen Sie herunter und öffnen Sie uns.« Der Mann am Fenster brummte nur und schloss die Fensterläden wieder, im Haus blieb es still. Die Beamten klingelten erneut und klopften gegen die Tür, nach weiteren zehn Minuten öffnete Kurt Bergtaler die Haustür. »Ich bin vom Landratsamt und das sind Kriminalbeamte«, stellte Oberinspektor Gregor seine Begleiter und sich selbst vor. Bergtaler nahm dies zur Kenntnis und wies den Eintretenden bereitwillig den Weg nach oben in seine Wohnung.

Countdown einer Katastrophe

Gemeinsam mit den Beamten ging Bergtaler die steile Treppe zur Mansardenwohnung hinauf. Kriminalhauptkommissar Günther, der sich am Ende der Gruppe hielt, konnte beobachten, dass der krank aussehende und gebrechlich wirkende Hauseigner große Mühe hatte, die Treppe zu steigen. In dem kleinen Wohnraum besprachen die Beamten zunächst belanglose Dinge mit dem Konstrukteur. Bergtaler erzählte, dass er seinen Hund erschossen habe, dass er sein Bewachungsgewerbe wieder aufnahmen wolle und sich mit der Absicht trage, wieder zu heiraten, eine entsprechende Annonce habe er bereits aufgegeben. Dann eröffnete der Verwaltungsbeamte ihm den eigentlichen Grund seines Kommens, dass nämlich aufgrund von starken Zweifeln an der nötigen Zuverlässigkeit zum Führen von Waffen die Kreisverwaltungsbehörde den Bescheid erlassen habe, die Munition und Schusswaffen Bergtalers einzuziehen. Oberinspektor Gregor händigte Kurt Bergtaler das amtliche Schreiben aus und ließ sich den Erhalt quittieren.

Plötzlich sagte der Konstrukteur: »Ich kann den Bescheid nicht richtig lesen, ich muss erst meine Brille holen.« Als er gerade im Begriff war in das angrenzende Schlafzimmer zu gehen, begann Gregor ihm den Bescheid laut vorzulesen. »Darf ich denn dann überhaupt keine Waffen mehr besitzen?« fragte Bergtaler. »So ist es«, bestätigte der Beamte. Kurt Bergtaler schien sich in sein Schicksal zu fügen. Er bot seinen Besuchern Kaffee an, doch die lehnten höflich ab. »Haben Sie die Waffen im Haus?« wollte Kriminalhauptmeister Wolf nun wissen. »Sechs oder sieben Pistolen sind im Schließfach meiner Bank in Augsburg«, antwortete Bergtaler. »Dann geben Sie uns die im

Haus befindlichen Waffen heraus«, forderte Oberinspektor Gregor. Kurt Bergtaler ging zu einer mit einem Holzdeckel versehenen Nische unter dem Wohnzimmerfenster. Doch noch bevor der Mann in das Versteck greifen konnte, erkannte Hauptkommissar Günther die Gefahr, er drängte Bergtaler zur Seite und sagte: »Lassen Sie nur, wir holen die Waffen selbst heraus. Setzen Sie sich doch drüben im Schlafraum in den Sessel, und sagen Sie uns, wo Sie alles haben.« Hauptmeister Wolf erkannte die Taktik seines Vorgesetzten sofort und folgte dem scheinbar einverstandenen Mann fast körpernah und misstrauisch. Der Konstrukteur ging durch den zwei Meter breiten Durchgang zum Schlafraum. An einer Wand stand eine Liege, auf der ordentlich zusammengelegtes Bettzeug lag. Bergtaler ging an dem daneben stehenden Polstersessel vorbei, ließ sich auf die Liege fallen, griff unter die Bettdecke und hatte plötzlich eine schwere Pistole in der rechten Hand. Ohne Zögern richtete er die Waffe auf den unmittelbar vor ihm stehenden Hauptmeister Wolf und schrie: »Du Hund!«.

Der Kriminalbeamte warf sich sofort auf den Schützen und wollte ihm die Pistole entreißen, doch da krachte schon der erste Schuss. Wolf wurde aus nächster Nähe getroffen und konnte den linken Arm nicht mehr bewegen. Trotzdem packte er Bergtaler am Handgelenk und drehte es zur Seite, um weiteres Schießen zu verhindern. Doch Kurt Bergtaler schoss ununterbrochen wild um sich. Kriminalhauptkommissar Günther stürmte ins Schlafzimmer und versuchte einzugreifen, er bemerkte aber gerade noch, dass Bergtaler mit der linken Hand die Bettdecke wegzog und nach einer weiteren versteckten Waffe griff. Der Kriminalbeamte konnte dies verhindern, indem er sich mit seinem ganzen Körper auf den Schießwütigen warf. Kriminaloberkommissar Graf rannte mit gezogener Dienstwaffe ebenfalls vom Wohnraum zum Schlafraum. Vom Durchgang aus starrte er auf das Handgemenge seiner beiden Kollegen mit dem immer noch schießenden Waffennarren. Plötzlich rutschte Hauptmeister Wolf zu Boden, Bergtaler kam frei und zielte sofort auf Graf. Dieser wollte seinerseits schießen, zögerte aber, weil er befürchtete, den immer noch mit dem Schützen ringenden Kollegen Günther zu treffen. Wieder krachte ein Schuss aus der Waffe Bergtalers, Oberkommissar Graf spürte einen mächtigen dumpfen Schlag in der Brustgegend und wurde mit voller Wucht gegen die Tür geschleudert. Noch im Zusammensinken erwiderte der Kriminalbeamte mit seiner Dienstwaffe das Feuer, viermal schoss er, bis er zusammenbrach und vornüber fiel.

Bergtaler war nun auch schwer verletzt. Hauptkommissar Günther gelang es schließlich, die bewaffnete Hand des Schützen nach außen zu drücken, wobei sich noch ein letzter Schuss löste, der in die Zimmerdecke ging. Dann war es still, Sekunden später brach Kurt Bergtaler zusammen. Hauptkommissar Günther zerrte ihn aus dem Schlafraum, doch noch im Flur verstarb der Waffennarr. Oberkommissar Graf lag schwer verletzt im Durchgang zum Schlafraum. Hauptmeister Wolf konnte seinen linken Arm nicht rühren, ein Projektil aus der Waffe des Konstrukteurs hatte seinen linken Ellbogen durchschlagen und das Gelenk zerschmettert. Hauptkommissar Günther hatte Glück gehabt, der linke Ärmel seines Sakkos war in Schulternähe durchschossen, aber er selbst hatte nur Hautabschürfungen an Händen und Beinen. Günther eilte zum Nachbaranwesen und alarmierte den Notarzt und weitere Einsatzkräfte.

Wettlauf mit dem Tod

Trotz seiner schweren Verletzungen war Oberkommissar Graf bei Bewusstsein. Das Warten auf den Notarzt schien eine Ewigkeit zu dauern. Als der Wagen endlich eintraf, wurden die beiden Verletzten eingeladen und in rasender Fahrt ins Augsburger Klinikum gebracht. Im Operationssaal stellte der Chefarzt sehr schnell fest, dass die Schussverletzung bei dem Kriminalbeamten Graf lebensbedrohlich war. Der Krankenhausbericht machte das sehr deutlich: »Die Kugel durchschlug zunächst die siebte Rippe links in der vorderen Achselhöhlenlinie. Sie drang dann in die Basis des Herzbeutels ein, riss diesen auf und verursachte einen fünf Zentimeter langen und drei Zentimeter breiten Streifschuss an der Wand der rechten Herzkammer. Dann drang das Projektil durch das Zwerchfell in die Leberkuppe ein, verursachte einen sechs Zentimeter im Durchmesser messenden Einschusskrater und verließ die Leber mit einem handtellergroßen Ausschusskrater, bevor es durch die seitliche Bauchwand aus dem Körper austrat.«

Eine sofortige Operation war erforderlich, doch das Krankenhaus verfügte damals über keine Herz-Lungen-Maschine. Der Chefarzt wagte den Eingriff am schlagenden Herzen. In einer dramatischen Zwei-Höhlen-Operation mit zwei Teams gelang es den Medizinern, den Patienten so gut zu versorgen, dass er wenige Stunden später in das Herzzentrum München verlegt werden konnte. Eine Woche lang lag Oberkommissar Graf dort um sein Leben ringend auf der Intensivstation. Dann trat eine Wende ein, der Zustand des Patienten besserte sich schlagartig. Insgesamt zwei Monate verbrachte der Kommissar im Krankenhaus. Die ärztliche Kunst, der Wagemut des Operateurs im

Klinikum Augsburg, die körperliche Konstitution und der eiserne Wille des Patienten vollbrachten ein Wunder. Nach acht Monaten meldete sich Kriminaloberkommissar Graf bei seinem Vorgesetzten wieder einsatzfähig. Kriminalhauptmeister Wolf laborierte noch länger an seiner Schussverletzung, aber schließlich nahm auch er wieder den Dienst bei der Polizei auf. Allerdings arbeiteten beide nicht mehr im Kommissariat 11 sondern wurden im Innendienst eingesetzt.

Ein Waffenarsenal im Hause des Konstrukteurs

Nach dem Feuergefecht begann die Mordkommission im Haus am Dorfrand von Langweid mit der Arbeit. Die Ermittler fanden im Bett Bergtalers sieben Pistolen, vier Revolver, ein Jagdgewehr und einen Armeekarabiner. Die Waffen waren alle voll munitioniert und entsichert. Die Vermutung, dass Kurt Bergtaler sie geladen und griffbereit versteckt hatte, während die Beamten unten vor der Haustür warteten bestätigte sich. Vier Faustfeuerwaffen waren in einer Fensternische im Wohnzimmer versteckt. Im Schließfach der Bank hatte der Konstrukteur sechs weitere Pistolen und einen Revolver der Kaliber 22 LR bis 38 Spezial deponiert, mehr als 1.500 Patronen Munition wurden sichergestellt. Knapp ein Jahr nach der tragischen Schießerei fand der neue Hauseigentümer bei Renovierungsarbeiten in einer mit Spanplatten und Tapeten verkleideten Mauernische nochmals acht Faustfeuerwaffen mit dazugehöriger Munition und handschriftlichen Aufzeichnungen zur Herstellung von Explosionsstoffen.